AF467785

LA MATERNITÉ

Chez l'Ouvrière

EN 1910

Félix POUSSINEAU

PRÉSIDENT

De la Mutualité Maternelle de Paris

PARIS

LA MUTUALITÉ MATERNELLE

39, rue des Petits-Champs

1910

Prix : 0 fr. 50

LA
MATERNITÉ

Chez l'Ouvrière

EN 1910

FÉLIX POUSSINEAU

PRÉSIDENT

De la Mutualité Maternelle de Paris

PARIS
LA MUTUALITÉ MATERNELLE
39, rue des Petits-Champs
1910

Prix : 0 fr. 50

LA MATERNITÉ OUVRIÈRE

EN 1910

RAPPORTS

sur la situation des Sociétaires

(statutaires et extra-statutaires)

de Janvier 1910 à Août 1910

La Mutualité Maternelle (1) en publiant ces rapports, a voulu montrer la misère de la classe ouvrière au moment de la venue d'un nouvel enfant.

Combien l'intervention d'œuvres comme les nôtres étaient nécessaires, indispensables même pour compléter l'Assistance publique ou pour la remplacer plutôt près de ceux que l'Assistance humilie.

La Mutualité Maternelle répond à ce besoin, elle donne un droit à l'assistée sans lui faire l'aumône.

Son action s'étend à toutes les misères qui lui sont signalées.

Elle existe et fonctionne depuis l'année 1892 (18 années).

Ces 4 dernières années, l'Œuvre a versé à 9,725 mères

Des indemnités se montant à	395.875 fr.
L'entretien et l'installation des dispensaires ont coûté environ	100.000
Les objets en nature, distribués par nos Dames dirigeant nos Sections, peuvent être évalués à	250.000
Soit au total	709.875 fr.

(1) Nous rappelons en deux mots ce qu'est la Mutualité Maternelle : c'est l'association des mères aisées et des mères de la classe ouvrière en vue de donner à ces dernières une indemnité suffisante pour s'abstenir de travailler pendant les 4 semaines qui suivent l'accouchement. La sociétaire doit être inscrite depuis 9 mois pour avoir droit à cette indemnité qui est de 12 francs par semaine, plus une prime d'allaitement de 10 francs, soit en tout 58 fr.

Pour devenir Sociétaire, il suffit de verser annuellement une cotisation **de 3 fr.**

Plus de mille femmes de cœur composent nos 62 sections; elles dirigent nos 62 Consultations où 42,000 pesées d'enfants ont été faites en 1919. 1909

Par leur surveillance toute maternelle, par leurs visites au domicile de l'accouchée, un bien immense est réalisé au point de vue moral et matériel. Le chiffre de 250,000 fr. d'objets en nature distribué par nos Dames pendant ces quatre dernières années, est loin d'être exagéré, et bien au-dessous de la réalité, car les besoins sont pressants devant tant d'infortunes et de misères.

Cette distribution complémentaire comprend :

Bons de lait, berceaux, layettes, linge, termes en re[illegible] payé, secours en nature de toutes sortes, pharmacie, etc. Gardes assurées à la mère pendant les neuf premiers jours de sa grossesse si elle se trouve seule au moment de ses couches, consultations gratuites au dispensaire pour elle et ses enfants, consultations de nourrissons gratuites, surveillance de la mère pendant la grossesse, secours avant les couches si le travail est reconnu nuisible à la santé, etc.

Ainsi peuvent se résumer les soins et les secours qu'apporte aux mères cette Œuvre qui comprend dans son ensemble tout ce qui peut contribuer à soulager la misère et tout ce qui garantit à la femme le droit d'être mère, sans les terribles angoisses d'une maternité sans douceurs, sans fierté et sans joie.

Nombre de femmes, soit ignorance ou indifférence, ne s'étant pas fait inscrire à la Mutualité Maternelle avant les neuf mois exigés, à la veille de leur accouchement, viennent solliciter un secours.

Ce sont pour la plupart des femmes malheureuses, et surtout chargées de famille, nous les accueillons néanmoins quand nos ressources nous le permettent, en leur donnant une prime réduite, mais elles bénéficient de tous les autres services accordés aux sociétaires :

Consultations gratuites au dispensaire, consultations de nourrissons et tous les secours en nature accordés par les sections.

Ce sont ces femmes que nous désignons comme extra-statutaires.

Tous les jours, ce sont des demandes d'admission dans le genre de celle que nous publions ci-contre.

On jugera par la situation qui nous est dépeinte, par la lettre ci-jointe, si nous pouvons refuser l'admission de mères aussi malheureuses.

Monsieur POUSSINEAU, Président de la Mutualité Maternelle de Paris,

« Monsieur,

« Voulez-vous nous accorder la faveur d'admettre comme extra-statutaire, Madame L...., enceinte de son premier enfant.

« Amenée samedi à la section par une mutualiste, cette jeune femme nous a exposé sa triste situation : Mariée depuis un an, enceinte de sept mois et demi, elle est frappée par son mari parce qu'elle ne peut plus travailler en ce moment.

« Exténuée, elle s'est réfugiée chez sa voisine qui la met sous notre protection.

« Nous l'envoyons au refuge de Madame Becquet de Vienne, et j'espère en votre grande générosité pour lui donner les secours de couches en l'acceptant comme Extra statutaire.

« Veuillez agréer, Monsieur, l'expression de mes sentiments les meilleurs.

« B. MALAQUIN,

« *Présidente de la Section de Reuilly.* »

En publiant ces rapports sur la situation de l'accouchée ouvrière, nous avons voulu montrer combien l'utilité d'une intervention bienfaisante était nécessaire, indispensable, qu'il importait d'étendre les œuvres de protection de la mère et de l'enfant. S'il est bien de s'occuper de l'assistance aux vieillards, d'assurer les retraites aux ouvriers à la fin de leur existence, il y a encore plus d'intérêt à le préserver dès sa naissance et à assurer à la mère une aide pour lui éviter les suites terribles de couches, enrayant les maternités futures.

On ignore dans quel état d'abandon, de dénuement, la mère ouvrière met le plus souvent son enfant au monde, l'humanité toute entière serait révoltée et navrée des spectacles que contemplent tous les jours nos dames inspectrices.

En lisant ces rapports, on se rendra compte qu'une des principales causes qui engendrent ces misères, sont le chômage et la maladie, encore plus que l'alcoolisme qui découle en somme des deux premières causes.

Léon Frapié, dans « La Maternelle » a bien décrit les misères du peuple, il a fait un tableau vrai de sa situation quand il nous présente cette petite fille qui dissimulait à moitié une bouteille contenant un liquide verdâtre : « Qu'est-ce que tu apportes-là ? Du lait, répond-elle ! et tout bas la petite ajoutait : « 4 sous de lait pour nous cinq, il n'y en aura pas assez pour les faire dormir; 4 sous d'absinthe, il y en aura assez .. »

Quel est l'auteur qui fera pour l'accouchée ouvrière ce que Frapié a fait pour l'enfant de la Maternelle, qui nous montrera la mère sur le point d'accoucher ne sachant que faire des enfants qui sont au logis, se voit obligée de les envoyer au dépôt d'où ils reviennent avec des maladies, quand ils en reviennent. La mère, accouchée par une sage-femme désignée par la mairie, accouchant cette femme, le plus souvent, sans les précautions d'hygiène qui sont reconnues indispensables; la mère accouchant à l'hôpital, le quittant à peine remise, au bout de neuf jours, en plein hiver, traversant Paris avec son nouveau-né ,grelottant la fièvre, ayant hâte de revoir ses petits, etc. Cette mère, emportée par une fièvre puerpérale, laissant au mari cinq ou six enfants dont il ne sait que faire !

Qui fera l'histoire de nos pauvres mères ?

Les mères aisées, qui n'ont eu à la naissance de leur enfant que joie, dont on a par les soins diminué les douleurs.

Qu'elles pensent à toutes celles qui ne connaissent de la maternité que les douleurs et les charges, qu'elles s'enrôlent dans nos Mutualités Maternelles pour nous aider à apporter un peu de joie dans ces milieux ouvriers.

Quel beau rôle de secourir ainsi une mère ! un enfant !

A la fin de cette brochure on lira les rapports sur la situation des femmes des soldats mariés du contingent. Là encore, en l'absence de celui qui faisait vivre la mère et les enfants, que de misères ! (Page 141).

De même, nous avons mis à part les rapports sur les femmes accouchées à l'hôpital et qui ont fréquenté les consultations de la Maternité de Lariboisière pendant leur grossesse. (Page 129.)

Là, nombre de filles-mères, malgré les secours donnés par l'Assistance Publique, sont, par suite d'abandon, dans une profonde misère.

Environ 5.000 de nos Sociétaires ont été victimes de l'inondation, cet hiver ; grâce à un don généreux du Syndicat de la Presse et de la Chambre Syndicale de la Couture, nous avons pu augmenter l'indemnité à nos Sociétaires de 25 %.

Un avis a été envoyé aux Sociétés de La Croix-Rouge les invitant à faire inscrire comme extra-statutaire, toutes les femmes sinistrées en état de grossesse, plus de 1.500 ont été ainsi secourues.

Sur ce don, nous avons pu distribuer certaines sommes à nos sections, victimes du fléau, qui les ont employées en distribution de linge, berceaux, layettes, etc.

Cette année, le nombre des femmes indemnisées sera supérieur aux années précédentes, grâce aux ressources qui nous ont été accordées.

Toutes les mères dont nous signalons la situation malheureuse dans nos rapports, ont donc pu, grâce à la générosité du Syndicat de la Presse, auquel nous adressons notre vive reconnaissance, recevoir quelques secours en plus de l'indemnité d'accouchement, aidé par les Sociétés de la Croix-Rouge, la Ligue des mères de famille, l'Abri, La Charité Maternelle, l'Œuvre sociale du Bon Lait, l'Œuvre de Madame Bequet de Vienne, qui, toutes, viennent compléter l'assistance si nécessaire à la mère et à l'enfant.

Appel aux Mères

Mères heureuses, quand vous aurez pris connaissance des situations si poignantes que La MUTUALITÉ MATERNELLE coudoie tous les jours : Misères épouvantables, dont vous ne pouviez soupçonner la réalité;

Ne restez pas indifférentes aux cris de ces pauvres bébés et à l'appel de ces mères qui pleurent;

Venez en aide à La MUTUALITÉ MATERNELLE pour lui permettre d'en secourir un plus grand nombre.

Toutes les bonnes volontés y seront accueillies avec joie.

C'est pour une mère ! Un enfant !

MUTUALITÉ MATERNELLE

de Paris

39, Rue des Petits-Champs, PARIS

La **MUTUALITÉ MATERNELLE DE PARIS** étant approuvée par arrêté ministériel du 24 Février 1892, est autorisée à recueillir les legs et dons testamentaires d'après la formule suivante :

« Je lègue à la Mutualité Maternelle
« de Paris, 39, rue des Petits-Champs, à
« Paris, la somme de frcs .... nette
« de tous droits, pour être déposée à la
« Caisse des Dépôts et Consignations au
« Compte Courant de la Société (1). »

Date et Signature :

(1) Les Sommes déposées en Compte Courant à la Caisse des Dépôts et Consignations rapportent à la Société un intérêt de 4 1/2 o/o.

La Société peut également recevoir tous dons et legs en argent, en objets mobiliers ou propriétés.

Tout ouvrier peut s'inscrire comme Sociétaire par un versement annuel de.	1 fr.
Membre souscripteur par un versement annuel de	3 fr.
Membre honoraire par un versement annuel de	20 fr.
Membre honoraire perpétuel par un versement annuel de	300 fr.
Membre fondateur par un versement annuel de	1.000 fr.

S'adresser pour tous renseignements, au siège social de la Mutualité Maternelle, Paris, 39, rue des Petits-Champs.

STATISTIQUES

Dès que la mère est accouchée, elle prévient le siège social qui envoie immédiatement une inspectrice, porter la première indemnité. Elle fait un rapport sur la situation de la Sociétaire.

Ce sont ces rapports que nous publions aujourd'hui, en n'y faisant figurer que les matricules.

Un double de ces rapports est envoyé à chaque section qui fait le nécessaire quand il y a urgence à délivrer un secours supplémentaire.

M. 32.621. Extra statutaire, La Villette.

3 enfants : 9, 8 ans et 18 mois.

Mari : a abandonné sa femme depuis le mois de janvier.

Observations : Accouchement normal, fait par une sage-femme; le bébé va bien.

Cette femme, au lit depuis 3 jours, est obligée de changer de logement, elle a sa sœur avec elle.

Cette femme habite un logement de 210 fr., je l'ai visitée au 58, rue de Crimée, elle n'a pas été sinistrée, habitant ici depuis 2 ans, seulement le père de ses enfants l'a quittée au mois de janvier et depuis elle n'a plus entendu parler de lui, elle est dans la misère.

Vu l'état de misère, La Mutualité Maternelle a accordé en plus de l'indemnité, un secours de 30 francs.

M. 31.954. Extra statutaire, Puteaux.

Enfant : Le nouveau-né.

Mari : tourneur.

Gain : néant.

Est à l'hôpital depuis 4 mois.

Observations : Accouchement normal, pas long, fait par une sage-femme à l'hôpital Michelet. Le bébé va bien. Cette femme est entrée à l'hôpital 2 mois avant d'accoucher ; elle a eu tous les malheurs.

Elle a perdu un enfant de 2 ans et son mari a eu le pied coupé en montant en chemin de fer, il a été amputé et ne pourra pas travailler de suite.

Cette famille a été inondée et a perdu quelques jours de travail.

Ils habitent au 3e, un logement de 230 fr.

Recommandée à la Section qui devra donner un secours exceptionnel sur les fonds des sinistrés.

M. 23.478. Statutaire, Belleville.

Enfant, 1 : 4 ans.

Mari : polisseur sur métaux.

Gain : 5 francs par jour.

Observations : Accouchement normal, à Tenon. Loyer, 230 francs, 2 chambres au 1er, très propres, mais peu meublées. Ce jeune ménage habitait en hôtel, il a eu beaucoup de peine à trouver un local ; et, depuis, le mari a été six mois malade d'une congestion pulmonaire, il s'est actuellement blessé la main dans sa cour et n'a pas l'assurance, on le soigne au dispensaire Saint-Philippe. La mère a engagé au Mont-de-Piété tout ce qui était convenable et la machine à coudre y est depuis qu'elle ne pouvait plus la faire marcher (15 fr. engagement et 5 fr. réengagement).

Ce ménage semble intéressant, il aurait besoin d'un peu d'aide en ce moment, car le mari avec sa main malade et la grève qui sévit dans sa partie, va être privé de travailler pendant quelque temps.

L'enfant est belle, la mère se remet lentement.

Vu l'état de misère, la Mutualité Maternelle a accordé en plus de l'indemnité, un secours de 30 fr. pour retirer du Mont-de-Piété la machine à coudre.

M. 31.344. Extra statutaire, Unité.

Enfant, 1 : Le nouveau-né.

Mari : Employé de bureau.

Gain : 3 francs et nourri.

Observations : Accouchement normal à la Charité. L'enfant est beau et la mère, que j'ai trouvée rentrée chez elle, va très bien. Ces pauvres gens ont bien souffert des inondations. Ils ont perdu leur mobilier et leur linge. Ils sont arrivés à Paris avec ce qu'ils avaient sur le dos, et, ne sachant où aller, ils ont eu la bonne chance d'être secourus par des Dames de la Croix-Rouge, qui ont loué pour eux une chambre de 250 francs, ont payé un demi-terme et ont acheté quelques objets nécessaires au ménage et de la literie.

Et ces mêmes dames viennent encore les voir et les secourir, car il y a très peu de temps que le mari a du travail.

Ils sont Italiens, ce qui pouvait les priver de secours, mais aussi le père va se faire naturaliser français.

Ils paraissent vraiment dignes d'intérêt.

M. 27.571 Statutaire, Louvre.

Enfants, 3 : 6, 3, 2 ans.

Mari : Homme de peine.

Gain : 4 francs par jour.

Observations : Accouchement normal, par sage-femme de la Mairie. L'enfant est petit et la mère parait bien faible. C'est son mari qui la soigne, car, malheureusement, il est à la maison et voici 3 mois qu'il est malade d'une congestion pulmonaire ; alors c'est la misère, ils ne vivent que de secours. Des religieuses la visitent et lui apportent des bons de pain et de viande ; ils reçoivent aussi des secours de la Société de Saint-Vincent de Paul.

L'enfant de 2 ans a une tumeur dans le bras, il faut le conduire tous les deux jours à Trousseau et en ce moment, personne ne peut le conduire.

Ils habitent un logement de 300 francs, deux pièces et n'ont pas payé le terme d'avril ; ils vont demander des mois de nourrice ainsi que la Charité Maternelle.

M. 25.964. Statutaire Italie.

Enfants, 8 : 18, 16, 14, 12, 8, 6, 5 et 2 ans.

Mari : Cocher livreur.

Gain : 5 francs par jour.

Observations : Accouchement très long par une sage-femme de la Mairie. La mère a été 28 jours en douleurs; elle a de l'hydropisie et de l'albumine. 260 francs de loyer, deux pièces et une cuisine.

Le fils aîné, âgé de 18 ans, a une coxalgie tuberculeuse, il marche avec des béquilles et ne peut rien faire.

La fille aînée, 16 ans, est également malade, en ce moment, dans une maison religieuse à Chomérac (Ardèche). Elle est partie parce qu'elle avait des crachements de sang.

Le père est sans place, il porte les journaux et gagne à peine 2 fr. 50 par jour.

La mère est garde-malade, mais elle ne peut pas travailler surtout depuis sa dernière grossesse. Elle a fait juste un mois de travail.

La misère est grande, mais, malgré cela la maison est très bien tenue.

Cette femme est intoxiquée de sublimé et souffre beaucoup.

M. 30.929. Extra statutaire, Kremlin-Bicêtre.

Enfants, 8 : 20, 18, 16, 13, 10, 2 de 8 ans (jumeaux), 3 ans.

Mari : Tourneur sur cuivre.

Gain : 6 francs par jour.

Observations : Accouchement normal, par sage-femme. L'enfant est bien portant et la mère va très bien. J'ai trouvé sa fille aînée près d'elle. Ces pauvres gens ont bien de la peine à arriver, car il ne rentre que 10 francs chaque jour et il faut vivre à 10 personnes. Il faut déjà chaque jour 7 à 8 livres de pain, ce qui est le principal de leur nourriture.

Cette pauvre femme me dit être bien économe, faisant tout par elle-même, les enfants sont tenus propres.

Ils habitent une maison où ils sont seuls, 400 francs de loyer; intérieur très modeste et propre.

M. 28.799. Extra statutaire, Le Temple.

4 enfants : 19, 12 ½, 4 ½ et 3 ans.

Abandonnée par son mari.

Observations : Accouchement normal par sage-femme de la Mairie. L'enfant est beau. La mère est tuberculeuse, fortement atteinte et est maintenant incapable de travailler. Loyer, 280 fr., deux petites pièces, très simplement meublées mais bien tenues.

La petite fille de 3 ans ne marche pas et est justiciable de Berck. La mère voudrait qu'elle y parte le plus tôt possible.

Madame Desprès serait reconnaissante si la Mutualité Maternelle pouvait intervenir près du docteur Variot.

Cette femme est très malade et ne peut pas arriver à nourrir sa famille.

Madame Després, la Présidente de la Section, soutient entièrement cette famille.

Les démarches ont été faites pour l'admission de l'enfant à Berck.

La Section s'occupe tout particulièrement de cette famille qui ne manque plus de rien.

M. Extra statutaire, Saint-Denis-Nord.
8 enfants : 15 ans ½, 13 ½, 11 ½, 9 ½, 8, 4, 2 ½ et 18 mois.
Mari décédé.

Observations : Cette femme était depuis cinq ans de la Mutualité, ils habitent à Issy-les-Moulineaux, et, pendant les inondations ils ont tout perdu. Le mari a eu une pneumonie pendant qu'ils étaient hospitalisés chez les sœurs de Saint-Thomas de Villeneuve, il a été huit jours malade. Cette femme a touché 150 fr. de la Mairie pour son mobilier, et est venue à Puteaux, après son veuvage. Elle a travaillé pendant quelque temps mais ses enfants étaient malades, elle n'a pu continuer. Elle a à sa charge son père de 68 ans qui est arrivé de la campagne il y a deux mois Le garçon aîné gagne 1 fr. 60 par jour, le second 1 fr. Cette femme, pour vivre, a été obligée de vendre beaucoup de choses, mais tout s'épuise, elle reçoit 8 livres de pain par semaine, de la Mairie et 6 livres des sœurs, 16 francs par mois de l'Assistance pour l'allaitement.

Cette femme voudrait placer quelques-uns de ses enfants mais elle ne connaît personne à Puteaux, elle habite au rez-de-chaussée, un logement de 280 fr., elle doit un terme échu.

La maison est assez propre, les enfants bien tenus mais malades, la dernière est nouée, elle ne tient pas sur ses jambes.

50 *fr. ont été envoyés à la Section pour être distribués à la famille. Les dames de la Section ont placé 2 enfants.*

M. 30.832. Extra statutaire, Charonne.
8 enfants : 17, 14, 12, 11, 10, 8, 6, 5 ans.
Mari : homme de peine.
Gain : 5 francs.

Observations : Accouchement laborieux, par Mme Wagner, sage-femme de la Mairie, loyer, 270 fr., 2 pièces et cabinet au 1er, intérieur pauvre, mais assez propre, tenu par la fillette de 14 ans; l'enfant vient bien, mais la mère semble très faible, elle dit n'avoir comme secours que celui de nourrice et de la Charité Maternelle

L'aîné a encore une année d'apprentissage avant de pouvoir gagner, il n'a en ce moment que son déjeuner comme gain.

Cinq enfants vont en classe et y ont la cantine. Ceux de 8 et 6 ans ont des taies sur les yeux et celui de 5 ans a un œil complètement perdu.

Cette famille aurait besoin d'aide et quelques coupons seraient nécessaires pour les plus jeunes et pour la fillette. Les garçons n'ont pas le change de chemises, ils attendaient qu'on les ait repassées pour s'habiller.

Vu l'état de misère, la Mutualité Maternelle a accordé en plus de l'indemnité des coupons d'étoffe. De plus, cette femme a été recommandée à la Section.

M. 30.436. Statutaire, Monge.
3 enfants : 6 ½, 5 ½ et 14 mois.
Mari : homme de peine.
Gain : 5 à 6 francs par jour.

Observations : Bon accouchement, chez elle, elle se remet tout doucement, l'enfant est beau et vient bien. Loyer. 220 fr., 2 pièces et une cuisine, le mari ne travaille pas toujours régulièrement, la gêne est dans le ménage avec toute cette petite famille, la mère qui soigne sa fille, a son mari mourant, victime des inondations, ces malheureuses gens n'ont obtenu que 5 francs d'indemnité et le mari est depuis 3 mois dans son lit.

C'est la douleur et la misère dans cette famille.

Vu l'état de misère, la Mutualité Maternelle a accordé en plus de l'indemnité, un secours de 20 francs.

M. 31.614. Extra statutaire, La Villette.
4 enfants : 8, 5, 4 ans et 21 mois.
Mari : maréchal.
Gain : 6 francs par jour.

Observations : Accouchement normal par une sage-femme de la Mairie. L'enfant est beau. Loyer, 200 francs, 2 pièces au premier sur la cour. La mère est bien faible Je crois à beaucoup de privations, le père travaille très irrégulièrement. Cette femme n'avait personne auprès d'elle pour la soigner.

Vu l'état de misère, la Mutualité Maternelle a accordé en plus de l'indemnité, un secours de 10 francs d'aliments et des bons de lait.

M. 21.882. Statutaire, La Villette.
5 enfants. L'ainée a 18 ans.
Mari : tailleur de l'A. P.
Gain : 18 francs par semaine.

Observations : Loyer, 250 francs, doit 2 termes. Le père est toujours malade, rhumatismes au cœur. Pas d'inconduite, mais chôme souvent pour raison de santé.

Deux pièces pauvrement meublées et très mal tenues.

Ces gens sont très intéresants, les concierges en disent le plus grand bien. Il faudrait les recommander à l'Abri.

L'aînée des filles gagne environ 2 francs par jour.

Vu l'état de misère, la Mutualité Maternelle a accordé en plus de l'indemnité, un secours de 10 francs.

Par l'intermédiaire de la Mutualité Maternelle, la Société l'Abri a accordé un secours de loyer de 50 francs pour le terme de juillet.

M. 26.505. Statutaire, Clignancourt.
2 enfants : 5 ans ½ et 3 ans ½.
Mari : vannier.
Gain : 3 francs par jour au plus.

Observations : Bon accouchement par sage-femme de la Mairie, elle se remet bien, le bébé est décédé après avoir vécu 3 jours. Ces gens sont dans une grande misère, ils habitent un taudis humide au rez-de-chaussée, mal aéré, ils payent 3 fr. 50 de loyer par semaine; ils ont un retard de 2 semaines. Le mari, vannier, ne travaille pas toujours, il a contracté au régiment une bronchite devenue chronique et il ne peut se livrer à un travail dur, il n'a pas de quoi s'acheter une paire de chaussures dont il aurait bien besoin, s'il pleut, il a les pieds à l'humidité, ce qui, bien entendu, ne peut qu'aggraver son mal, il a une mine de tuberculeux.

La femme ne peut gagner que quelques sous par jour en vendant du papier à lettres dans les rues.

C'est la misère, ne pourrait-on donner un secours à ces pauvres gens, il serait bien placé.

Le mari vient de se blesser à la main droite.

Vu l'état de misère, la Mutualité Maternelle a accordé en plus de l'indemnité, 20 francs de supplément en aliments. Des chaussures ont été données au mari.

M. 22.301. Statutaire.
5 enfants : 14, 9, 7, 6, 4 ans.
Mari : A abandonné sa femme. Il était charpentier et gagnait de 6 à 7 francs par jour.

Observations : Accouchement normal, fait par sage-femme. L'enfant est beau et bien tenu. La mère va aussi bien que possible. Cette femme a été récemment abandonnée par son mari qui trouvait la charge de famille trop lourde.

La pauvre femme, à la veille d'accoucher, s'est vue expulser de son logement à Saint-Ouen, où elle habitait à cette époque. Le loyer n'étant pas payé depuis plusieurs termes.

C'est la mère de son mari qui, pendant quelques temps l'a logée ainsi que ses enfants ; mais le logement, trop exigu, ne pouvait abriter longtemps cette famille et la belle-mère, blanchisseuse, ne gagnait pas suffisamment pour nourrir tout ce monde.

Madame Breton a dû chercher un domicile, mais partout, il fallait payer d'avance et les ressources consistaient seulement en la somme de l'indemnité versée par la Mutualité.

Madame Breton, assurée de trouver du travail aussitôt qu'elle pourra le faire, gagnera 4 francs par jour. Elle demande seulement un peu d'aide pour louer un logement.

Cette femme est très courageuse, très ordonnée, et malgré sa misère, est, ainsi que ses enfants, tenue très proprement.

Les vêtements sont vieux, mais nets et bien raccommodés.

Vu l'état de misère, la Mutualité Maternelle a accordé, en plus de l'indemnité, un secours de 100 francs pour payer un terme d'avance (avril) et le terme de juillet.

Il a été donné, en outre de ce secours, de la layette et des vêtements.

M. 33.279. Extra statutaire, La Gare.

Enfants : 1, nouveau-né.

Mari : Monteur en bronze.

Gain : 4 fr. 75 par jour.

Observations : Accouchement normal par sage-femme, l'enfant est beau et la mère va très bien. Je l'ai constaté aux soins de son ménage. Ils habitent un petit pavillon, 310 francs de loyer. Intérieur complètement ruiné par l'inondation qui a monté jusqu'au premier, ils ont évalué leur perte à mille francs et ont touché 250 francs, de sorte que ces pauvres gens sont obligés de rester avec leur mobilier tout démoli, ne pouvant, pour le moment, faire aucune dépense, attendu que pendant l'inondation, il n'y avait pas de travail.

La Mairie de Vitry a donné 300 francs. La Croix-Rouge n'a pas donné de mobilier.

M. 22.555. Statutaire, Asnières.
4 enfants : 11, 8, 6, 4 ans.
Mari : Chiffonnier.
Gain : 5 francs par jour.

Observations : Accouchement très laborieux, fait par une sage-femme de la Mairie, le bébé va bien. Cette femme est très affaiblie, on a dû la transporter à l'hôpital Tenon pour la soigner, elle est rentrée chez elle et a besoin de soins.

Ils habitent un pavillon malpropre.

Cette femme est accouchée de son 6e enfant, elle a encore 5 enfants vivants, elle est restée seule après ses couches, et par suite de couches, 1 jour à Beaujon, 15 jours à Tenon et enfin, 45 jours à Gouin, soit 61 jours à l'hopital. Ne pouvant marcher qu'avec des béquilles, son état s'améliore, mais elle ne peut encore se livrer à son métier de chiffonnière (plus de béquilles actuellement). Femme très courageuse, très honnête, et très aimée dans le quartier où elle exerce son métier.

Vu l'état de misère, la Mutualité Maternelle a accordé en plus de l'indemnité, un secours supplémentaire de 50 *francs.*

M. 23.922. Statutaire, Belleville.
Enfants, 6 : 13, 9, 5 ½, 4, 3, 2 ½.
Mari : Cocher-livreur.
Gain : 150 francs par mois

Observations : Cette femme fait partie de la Mutualité depuis 4 ans; elle n'a pas droit à l'indemnité, n'ayant qu'une fausse couche, mais cette femme est mère d'une nombreuse famille, et ne pouvant rien gagner, elle a bien du mal à arriver avec les 150 francs de son mari. Elle a une petite fille qui ne voit presque pas et qui a les jambes tordues. Les médecins attribuent son mal à l'anémie et lui ordonnent des fortifiants que la mère ne peut lui donner. Loyer, 340 francs, composé de 2 pièces, propres et bien tenues. Ces gens sont très intéressants et mériteraient qu'on les aide à sortir de la gène.

Vu l'état de misère, la Mutualité Maternelle a accordé un secours de 25 francs.

M. 32.794. Extra statutaire, La Gare.
Enfants, 2 : 15 et 8 ans.
Mari : Décédé le 17 mai 1910.

Observations : Accouchement normal par sage-femme de la Mairie, Madame Autard. Loyer, 250 francs, deux chambres propres et aérées au 1er étage, mais cette famille va être obligée, par la mort du père, de prendre une seule chambre de 150 francs.

La mère a accouché un peu plus tôt, en apprenant la mort de son mari. Elle se remet assez bien, mais le lait a été tari par l'émotion, et il lui faut donner le biberon à l'enfant qui est beau.

Le mari qui était tuberculeux est mort à Cochin, où il était depuis deux mois.

Cette famille n'a plus de ressources pour vivre, il lui a fallu engager au Mont-de-Piété ce qu'elle avait de convenable, draps, 2 robes et la montre de la jeune fille de 15 ans, qui gagne 1 fr. 25, seule aide de la mère. L'enfant de 8 ans est difficile à élever, surtout depuis que le père n'est plus là. Le visiteur de l'Assistance a rédigé une demande pour qu'on le place dans une maison d'orphelinat, mais il faudra payer 10 francs par mois.

Le secours de nourrice (ou fille-mère) est demandé.

Les religieuses qui ne peuvent pas donner la charité maternelle, puisque cette mère n'a que deux jeunes enfants, vont donner un berceau.

Il y a deux termes en retard.

C'est la sage-femme qui a prêté des draps.

Cette famille a besoin d'aide en ce moment. La mère semble très courageuse ; elle est très propre.

Vu l'état de misère, la Mutualité Maternelle a accordé en plus de l'indemnité, un supplément de 20 francs, de la toile pour draps et des bons de lait.

M. 32.521. Extra statutaire, Reuilly.

Enfant : 1.

Mari : Monteur en bronze.

Gain : 5 francs par jour.

Observations : Accouchement normal par Madame Gaillard, sage-femme de la Mairie. Loyer, 160 francs, une chambre au 6e étage, bien simple et tenue par la sœur qui a en plus, leur mère, de 48 ans, atteinte de paralysie, la jeune mère, malade de la poitrine, est soignée au dispensaire anti-tuberculeux, rue Omer-Talon, l'enfant est petite et délicate, elle manque de linge, la jeune mère aussi ; c'est une parente qui a prêté deux draps pour qu'on puisse la changer. Le mari doit partir au service en octobre c'est presque la misère pour cette jeune femme malade.

Je l'ai engagée à demander un secours à la Mairie.

Recommandée à la Section.

M. 27.018. Statutaire, Kremlin-Bicêtre.

Enfants, 8 : 17, 15, 13, 11, 8, 6, 4, 2 ans.

Mari : Marchand des 4 saisons.

Gain : 8 francs environ, avec l'aide des deux aînés.

Observations : Accouchement douloureux par sage-femme, Madame Prévost. Loyer, 150 francs, pour terrain et baraque bâtie sur la zône. 3 chambres assez propres où il n'y a que des lits, avec cour pour la voiture et les bêtes. Les deux aînées aident le père pour la vente, elles sont très actives et attentionnées pour la mère et les enfants. Quatre enfants vont en classe et y ont la cantine. Le secours de nourrice est demandé.

Cette grande famille semble très unie.

Le garçon de 11 ans va faire sa première communion en septembre.

Vu l'état de misère, la Mutualité Maternelle a accordé en plus de l'indemnité, un supplément de 20 francs en nature.

M. 27.402. Statutaire, Ménilmontant.

Enfants, 7 : 14, 13, 10, 7, 5, 3 ½, 21 mois.

Mari : Cordonnier.

Gain : 6 francs.

Observations : Accouchement normal par sage-femme de la Mairie ; l'enfant petit mais bien venant, la mère va bien doucement ; elle a été malade tout le temps de la grossesse, on n'espérait pas qu'elle puisse mettre cet enfant au monde, mais cela s'est bien passé. Elle va assez bien, si ce n'est qu'elle est d'une extrême faiblesse.

Elle aurait besoin de bons soins, mais avec cette famille, c'est difficile.

Elle est si affaiblie qu'il lui est défendu de nourrir son enfant au sein, à son grand regret, ayant toujours nourri ses enfants.

Des bons de lait lui seront d'un grand secours, car comment acheter du lait dans cette famille où il faut déjà donner 6 à 7 livres de pain par jour. Il n'y a pas encore d'enfant qui travaille, les aînés sont apprentis et le mari a chaque année de la morte-saison, à tel point qu'en ce moment, on se demande comment ils font.

Ils reçoivent un petit secours à chaque terme et c'est tout.

Ils habitent un rez-de-chaussée, 320 francs de loyer, intérieur très modeste et tenu proprement.

Elle aura la Charité Maternelle.

Vu l'état de misère, la Mutualité Maternelle a accordé, en plus de l'indemnité, un secours de 30 francs en aliments.

M. 31.874 Extra statutaire, Clichy.

Enfants, 5 : 12, 10, 8, 5, 3 ans.

Mari : Est malade.

Gain : Néant.

Observations : Accouchement long, avec hémorragie, par sage-femme de la Mairie, Madame Schneider. Loyer, 180 francs, une grande chambre au rez-de-chaussée où tout ce monde couche sur trois lits. Le père est malade et ne pouvant pas travailler depuis trois ans, reste à la maison pour garder les enfants. C'est la mère qui va travailler pour tout son monde.

L'enfant est beau, la mère se remet lentement, elle paraît très courageuse et les aînés qui paraissent chétifs ont cependant bonne santé.

Pour l'inondation, la Mairie a donné 55 francs environ et la Croix-Rouge, quatre draps, des vêtements pour les enfants et une demi-layette.

L'adhésion a été payée par Madame Taupin.

Vu l'état du père, cette famille aurait besoin d'aide.

Le Bureau de Bienfaisance donne huit pains par mois.

Recommandée à la Section qui a fait le nécessaire et donné supplément.

M. 32.744. Extra statutaire, Clignancourt.

Enfants, 4 : 13 ½, 10, 7, 18 mois.

Mari : Chauffeur d'autobus.

Gain : 5 fr. 50 par jour.

Observations : Accouchement chez elle, par sage-femme, ces gens sont nombreux pour gagner aussi peu. Ils habitent au rez-de-chaussée, un logement de 2 pièces, 300 francs.

Vu l'état de misère, la Mutualité Maternelle a accordé, en plus de l'indemnité, 20 d'aliments.

M. 1.400. Statutaire, Unité.

Enfants, 3 : 14, 10, 4 ans.

Mari : Garçon de café.

Gain : 5 fr. 50 par jour.

Observations : Accouchement très long, Madame Niquet, sage-femme de la Mairie. Loyer, 280 francs, 2 chambres avec cuisine, rez-de-chaussée, très propres.

L'enfant est superbe, mais la mère se remet avec peine ayant été malade du foie et d'une maladie d'estomac, très faible et le docteur lui interdit de nourrir.

L'aîné, 14 ans, atteint de coxalgie, a dû quitter sa maison d'apprentissage où il gagnait 20 francs, il est plus souffrant présentement.

Cette famille est intéressante, il y aurait besoin de lait pour le nouveau-né.

En plus de l'indemnité, la Mutualité Maternelle a accordé des bons de lait.

Tous ces enfants sont unis et studieux, l'un d'eux est admis à la colonie des vacances.

Famille intéressante qui aurait besoin d'un peu d'aide en ce moment. Grande misère !

Vu l'état de misère, La Mutualité Maternelle a accordé, en plus de l'indemnité, un secours de 20 francs en aliments.

M. 28.772. Statutaire, Reuilly.

4 enfants : 11, 8, 6 et 3 ans.

Mari : homme de peine.

Gain : 5 francs par jour.

Observations : Accouchement normal par sage-femme de la Mairie. L'enfant est beau et la mère va aussi bien que possible ; j'ai trouvé son mari près d'elle qui est en ce moment sans place, la maison où il était a fait faillite depuis 15 jours, il cherche sans résultat, il est déjà assez difficile quand il travaille d'arriver avec 5 enfants en bas âge La femme ne peut rien entreprendre, elle a déjà assez de s'occuper d'eux et de son intérieur qui est tenu propre.

Ils sont bien heureux, en ce moment, d'avoir la Mutualité qui leur rend un grand service.

Ils habitent au 4e étage deux pièces assez grandes; 260 fr. de loyer, c'est dans une ancienne maison. Ils ont payé le terme en entrant, ils se demandent comment ils vont faire, ils ne pourront payer le terme d'octobre.

Ces gens paraissent vraiment dignes d'intérêt; ils ont leur petite fille de 3 ans qui ne marche pas, trop faible sur ses jambes, c'est encore une charge pour la mère.

Cette famille a été signalée à la Section.

M. 26.370. Statutaire, Clignancourt.

10 enfants : 22, 20, 17, 15, 13, 10, 9, 7, 5 et 2 ans.

Mari : Encaisseur au « Printemps ».

Gain : 4 fr. 50 par jour.

Observations : Bon accouchement par sage-femme, le bébé va bien.

Loyer, 384 fr. L'intérieur, composé de 2 pièces et cuisine, est mal tenu. Cette famille nombreuse a plutôt du mal à arriver; les deux fils ainés sont au régiment, il n'y a que les deux filles de 17 et 15 ans, qui gagnent, l'une 2 fr., l'autre, 1 fr. par jour. Ce n'est pas trop pour tant de monde. La mère ne peut rien faire avec ses petits enfants.

Cette famille a été recommandée à la Section.

M. 32.948. Extra statutaire, La Gare.
6 enfants : 15, 13, 11, 10, 7 et 5 ans.
Mari : journalier.
Gain : 5 francs par jour.

Observations : Accouchement normal par sage-femme de la Mairie, Madame Lécuyer; loyer 230 fr., 2 chambres au 2ᵉ étage, pauvres mais propres; local trop petit pour cette grande famille. L'enfant est superbe, la mère se remet bien; l'ainée, 15 ans, était placée elle gagnait 30 fr. mais elle a dû quitter pour soigner sa mère et la petite famille.

M. 32.306. Extra statutaire, Ivry.
Enfants, 6 : 15, 8 ½, 6 ½, 5, 3 ½, 15 mois.
Mari : Journalier.
Gain : 6 francs.

Observations : Intérieur malheureux où l'hygiène fait complètement défaut, le bébé va assez bien, mais la maman est très faible, au moment de ma visite, elle était au lit, recouverte avec des jupons.

Recommandée à la Section.

M . Extra statutaire, Choisy-le-Roi.
Enfants, 3 : 6, 3 ans, 13 mois et le nouveau-né.
Mari : Maçon
Gain : 5 francs par jour.

Observations : Famille très misérable. La femme, âgée, paraissant plus que son âge. En retard d'un mois de loyer, qui est de 16 francs. L'homme, travailleur courageux, il n'y a pas de matelas ni draps sur les lits.
Loyer, 130 francs.

Cette famille a été recommandée à la Section qui fait le nécessaire.

M. 30.471. Extra statutaire, La Villette.

Enfants, 9 : 18, 17, 14, 10, 7, 5, 3, 2 ans et 17 mois.

Mari : Homme de peine:

Gain : 5 francs.

Observations : Accouchement normal par sage-femme de Mairie, l'enfant est fort et la mère va bien doucement ; de tant d'enfants, elle est fatiguée, j'ai trouvé sa fille aînée près d'elle.

Ils ne peuvent être heureux avec cette nombreuse famille, bientôt 12 personnes à vivre avec le gain de 9 francs. Il faut bien des privations pour pouvoir donner à chacun à peu près le nécessaire; les deux aînées gagnent peu, mais cela vient en aide quand même. Il faut compter 7 livres de pain par jour. Le mari a été malade, c'est alors la misère. Ils ont demandé à la Mairie, il a été accordé 30 francs. La femme a reçu comme secours de couche 20 francs et dans l'année ils demandent secours de loyer, ils touchent 2 fois 10 francs.

Ils ont 280 francs de loyer, 3 pièces dans une vieille maison, intérieur pauvre et tenu assez propre.

Elle aura mois de nourrice ainsi que la Charité Maternelle.

Recommandée à la Section.

M. 32.523. Extra statutaire, Altforville.

Enfants : Le nouveau-né.

Mari : Employé de commerce.

Gain : 5 fr. 50 par jour.

Observations : Accouchement normal à Beaudelocq, la jeune femme a eu par la suite une hémorragie, elle est très faible. L'enfant est bien portant, il est parti ce matin en nourrice à la campagne. Le jeune ménage a été très éprouvé par les inondations, ils ont tout perdu et n'ont guère touché d'indemnité. La jeune femme reste toute la journée chez sa mère qui ne veut pas la laisser seule dans sa chambre d'hôtel où elle habite avec son mari, jusqu'à ce qu'ils puissent racheter ce qu'il leur faut pour se remettre chez eux.

C'est une petite femme bien intéressante et bien courageuse.

Vu la situation de cette famille, la Mutualité Maternelle a accordé un secours supplémentaire de 50 francs.

M. 32.103. Extra statutaire, Grenelle.

Enfants, 2 : 6, 2 ans ½.

Mari : Homme de peine.

Gain : 5 francs par jour.

Observations : Accouchement normal par sage-femme de la Mairie, l'enfant est beau et la mère va aussi bien que possible, j'ai trouvé une femme près d'elle.

Ces gens ont souffert de l'inondation, 1 m, 20 d'eau dans la cour, il a fallu quitter le logement et aller en hôtel et le mari n'a pu travailler pendant 7 semaines.

A la suite, il a été malade pendant un mois. Ils ont reçu quelques petits secours insuffisants pour leur besoin.

Ils habitent au premier, 2 pièces, 280 francs, dans une maison ouvrière, intérieur pauvre et assez propre.

Vu l'état de misère, la Mutualité Maternelle a accordé, en plus de l'indemnité, un secours supplémentaire de 20 francs.

M . Extra statutaire, Noisy-le-Sec.

Enants, 5 : De 10 à 1 an.

Mari : Journalier.

Gain : 4 francs.

Observations : Intérieur très malheureux, jeunes gens très intéressants, bien propre, pas trop bien logés, enfant bien tenu.

A été recommandée à la Section.

M. 26.851. Statutaire, Belleville.

Enfants, 5 : 13, 8 ½, 7, 5 ans, 20 mois.

Mari : Tailleur sur acier.

Gain : 6 francs. (Ne peut plus exercer son métier. Est infirme du bras droit, par suite d'accident.

Observations : Accouchement normal par sage-femme de la Mairie. L'enfant est beau et la mère est très faible, ayant subi de grandes privations pendant sa grossesse. Ces gens sont bien malheureux, depuis le 21 juin 1909, le mari, par suite d'un accident dans son travail, a un bras dont il ne peut plus se servir. Ils sont, depuis, en procès avec l'assurance qui n'a encore abouti à rien; ils vivent depuis avec le produit de bien des choses qu'ils ont vendues, ou mises au Mont-de-Piété. Mais à force, ils n'ont plus de ressources. Ils ont demandé à l'Assistance, j'ai vu la lettre de refus. Ils vivent de petits secours, tels que bons de viande et pain. Des bons de lait leur seraient bien utiles, car il y a un petit de 20 mois qui en est privé, voici seulement qu'il marche depuis peu.

Ils habitent au 4e, un logement de 255 francs, ils doivent 3 termes, le propriétaire réclame, ils craignent d'avoir congé ? Où iront-ils ? Avec toute cette famille, et sans aucune avance.

Elle a touché 15 francs de secours de couche et aussi des mois de nourrice ainsi que la Charité Maternelle, enfin, ces pauvres gens n'ont pas de chance, ils ont demandé par lettres bien des secours et n'ont jamais reçu de réponse.

Il a été accordé, par l'intermédiaire de la Mutualité Maternelle : Société l'Abri, secours loyer pour terme de juillet 63 francs 75.

M. 28.893. Statutaire, Italie.
Enfants, 5 : 10, 8, 6, 4, 2 ans.
Mari : Cordonnier.
Gain : 4 francs par jour.

Observations : Cette femme est accouchée l'année dernière d'un enfant mort, elle est de nouveau enceinte.

Ménage malheureux, le mari étant toujours malade, et de ce fait, ne travaillant pas régulièrement. Ces pauvres gens sont en retard pour payer leur loyer, ils doivent 3 termes. Ils viennent d'obtenir un secours de l'Abri, de 40 francs. Loyer, 275 francs, composé de 2 pièces aussi bien tenues que possible.

Vu l'état de misère, il a été accordé par la Mutualité Maternelle, en plus de l'indemnité, un secours de 20 francs.

Il a été accordé, par l'intermédiaire de la Mutualité Maternelle : Société l'Abri, secours de loyer de 60 francs, pour terme de juillet.

M. 20.697. Extra statutaire, Issy-les-Moulineaux.
Enfants, 7 : 15, 13, 11, 9, 5, 2 ans ½.
Mari : Journalier.
Gain : 5 francs.

Observations : Famille très intéressante, car il y a 7 enfants vivants sur 9 grossesses de la mère.

Cette femme a été recommandée à la Section.

M. 32.889. Extra statutaire, Unité.
Enfants, 4 : 7, 6, 4, 2 ans.
Mari : Garçon de magasin.
Gain : 4 fr. 50 par jour.

Observations : Accouchement normal par sage-femme de la Mairie, Madame Petit. Loyer, 390 fr., deux chambres avec cuisine au 6e étage, très simples, mais tenues très proprement. Le père est malade depuis décembre d'une congestion pulmonaire, il n'a pas pu reprendre son travail et vendait depuis une quinzaine dans les marchés pour aider sa femme qui faisait de la couture chez elle pour remplacer le travail du père. Mais une nouvelle congestion a troublé les idées du malade et il est nécessaire de ne pas le laisser sortir seul, ce qui rend la position de cette famille très difficile. Les enfants sont très gentilles, une cousine en a emmené deux pour aider cette mère qui est très courageuse.

Le secours de couche est demandé à la Mairie, celui de la Charité Maternelle ne peut pas être obtenu, le père ayant été remarié après divorce.

Famille bien intéressante à cause de la maladie du père.

Vu l'état de misère, il a été accordé par la Mutualité Maternelle, en plus de l'indemnité, un secours de 20 fr. en aliments.

M. 32. 471. Extra statutaire, rue des Jardins-Saint-Paul.

Enfants, 4 : 13, 7 ½, 6, 4 ans ½.

Mari : Homme de peine.

Gain : 5 francs par jour.

Observations : Bon accouchement par sage-femme de la Mairie ; la mère se remet mal, elle ne se sent pas bien, l'enfant est bien portant. Le mari ne travaille pas très régulièrement, son travail ne marche pas très bien, il est obligé de manger dehors, il ne peut rapporter beaucoup à la maison. La mère n'a pas beaucoup de santé, elle ne peut guère travailler, elle a été obligée de laisser son métier de blanchisseuse ayant une bronchite chronique. Ces gens sont intéressants, la gène règne visiblement. Le loyer est de 300 francs, une chambre, une cuisine, une entrée, le tout ni clair, ni aéré.

Famille recommandée à la Section.

M. 31.537. Extra statutaire, 14e arrondissement.

Enfants, 2 : 11 et 10 ans.

Mari : Râcleur sur voie (omnibus).

Gain : 5 francs par jour.

Observations : Mauvais accouchement par sage-femme, chez elle ; elle devra la payer 35 francs, n'ayant pu en avoir une du bureau, parce qu'il faut un an de résidence dans le commencement pour y avoir droit. Cette femme est bien faible et malgré tout elle est obligée de laver les couches du bébé. Elle n'a pour l'assister que ses deux petites filles qui l'aidaient gentiment à laver et allaient chercher l'eau très loin. Cette pauvre femme a été déchirée aux couches; l'enfant pesait 11 livres; elle a été recousue, mais elle souffre encore beaucoup.

Ils ont été sinistrés, étant du Bièvre, depuis ils ont loué le terrain où ils sont 125 francs par an. Le mari a construit une petite maison en planches et ils vivent là chez eux, du produit de leur jardin.

Tout dénote la misère et la pauvre femme aurait besoin d'un réconfortant qu'elle ne peut se donner. Elle fait pitié à voir.

En raison de la misère de cette femme, la Mutualité Maternelle a accordé en plus de l'indemnité un secours de 20 francs.

M. 31.986. Extra statutaire, Charenton.

Enfants, 6 : 14, 12, 10, 7, 4, 2 ans.

Mari : Peintre.

Gain : 6 francs par jour.

Observations : Accouchement normal par sage-femme de la Mairie; l'enfant est beau et la mère va bien. J'ai trouvé sa mère près d'elle.

Ils ont souffert de l'inondation, 1 m 60 d'eau, étant près de la Seine; ils ont été dix jours hors de chez eux et ensuite le mari a été six semaines sans travail. Ils ont touché 30 francs de chômage, et ont eu du fait de l'inondation, deux matelas perdus en voulant les sauver et n'en ont pas été dédommagés.

Tout cela leur a causé de la misère, car avec six enfants il est difficile qu'il en fût autrement, surtout que le père a chômé.

Ils habitent dans une vieille maison, au 2e étage, où l'air et le jour manquent. 280 francs de loyer, intérieur pauvre et propre.

Vu l'état de misère, la Mutualité Maternelle a accordé en plus de l'indemnité : du linge, de l'étoffe et des vêtements.

M. 31.826. Extra statutaire, Charenton.

Enfants, 2 : 8, 4 ans.

Mari : Comptable (a quitté sa femme).

Observations : Accouchement normal par sage-femme, l'enfant est petit et la mère va bien doucement. J'ai trouvé sa mère près d'elle. Cette pauvre femme qui paraît bien méritante, a eu tous les malheurs réunis.

Le départ de son mari qui a été congédié de chez son patron : c'était un homme d'inconduite. Elle s'était mise concierge et travaillait dans la couture. Les inondations l'ont forcée à quitter et elle a perdu tout son mobilier. Elle a reçu pour tout secours 50 francs, qu'elle a eu beaucoup de peine à obtenir. Il a fallu qu'elle fasse beaucoup de démarches, ce qui l'a énormément fatiguée en raison de son état de grossesse et le chagrin de se voir ainsi.

Elle habite à Charenton, une seule chambre au 4e, plutôt une mansarde. Ce qu'il y a de mobilier est à sa mère qui habite maintenant avec elle. C'est la misère dans cet intérieur, et en raison de sa santé, la sage-femme ne lui permet pas de se lever avant trois semaines ; elle a besoin de grands soins.

Elles ont 130 francs de loyer.

Pour ne pas lui donner plus de secours, il lui a été dit : « Puisque vous avez sauvé votre mécanique, maintenant vous pouvez travailler ! »

Vu l'état de misère, la Mutualité Maternelle a accordé en plus de l'indemnité, un secours de 30 francs.

M. 28.310. Statutaire, Italie.

Enfants, 3 : 12, 5, 4 ans.

Mari : Manœuvre.

Gain : 5 francs par jour.

Observations : Accouchement normal chez Madame Brême, envoyée par M. Baudeloque. Loyer 250 francs, deux chambres au premier étage, bien modestes, mais propres ; l'enfant est assez forte, mais la mère est très faible ; le père sort de l'hôpital Saint-Joseph où il est resté deux mois, on voulait lui faire une opération intestinale, mais il a demandé d'attendre encore, et est rentré chez lui très faible.

Cette famille a son congé par huissier, elle a trouvé un autre local de 220 francs, mais il faut payer le premier trimestre d'avance, et cela pour le 8 octobre. Les trois enfants vont en classe, ils sont très proprement tenus.

Le secours de la Charité Maternelle va être demandé. Cette famille parait recommandable et aurait besoin d'aide en ce moment, le père ne pouvant pas trop travailler et la mère étant très faible.

Vu l'état de misère, la Mutualité Maternelle a accordé en plus de l'indemnité un secours de 30 francs.

M. 32.960. Extra statutaire, Les Epinettes.

Enfants, 6 : 16, 13, 9, 7, 4 ½, 2 ans ½.

Mari : Journalier.

Gain : 5 francs par jour.

Observations : Accouchement très difficile par une sage-femme de la Mairie, suivi d'hémorragie. Loyer 7 fr. 50 par semaine à l'hôtel. Une grande chambre sur la rue, très bien tenue.

Cette femme est dans une grande misère ; son mari n'est pas très raisonnable.

Elle espère avoir un secours d'allaitement qu'elle mettra à la Caisse d'épargne des logements ouvriers, afin de se mettre chez elle.

Les deux enfants aînés vivent avec les beaux-parents.

Malgré cela, avec le père et la mère, ils sont encore 7 dans une chambre d'hôtel.

Vu l'état de misère, la Mutualité Maternelle a accordé en plus de l'indemnité un secours de 20 francs.

M. 25.454. Extra statutaire, Levallois-Perret.

Enfants, 5 : 12, 10, 7, 5, 3 ans.

Mari : Aide-maçon.

Gain : 5 francs par jour.

Observations : Accouchement normal fait par une sage-femme de la Mairie. Le bébé va bien, mais tout petit. Cette femme est très fatiguée, elle est debout à cause de sa famille.

Ces gens me paraissent d'une grande misère, les enfants sont tous petits.

Ils habitent une baraque sur terrain des fortifications, 10 francs par mois.

Vu l'état de misère, la Mutualité Maternelle a accordé en plus de l'indemnité un secours de 20 francs. Cette participante a été en outre recommandée à la section.

M. 30.903. Extra statutaire, Clichy.

Enfant, 1 : 13 mois.

Mari : Soldat (décédé).

Observations : Accouchement normal chez elle. Loyer 130 francs, composé de deux pièces. L'enfant est superbe. La jeune femme est aidée par sa belle-mère qui est concierge de la maison qu'elle habite, l'intérieur est malheureux, il est propre et bien tenu. Elle reprendra son travail aussitôt qu'elle le pourra pour élever ses deux petits-enfants, pendant que la belle-mère les soignera.

Les 50 francs accordés le 27 septembre à Mme Chabillan, lui sont versés en raison de ce que son mari a été tué accidentellement depuis l'accouchement de sa femme.

Vu l'état de misère, la Mutualité Maternelle a accordé en plus de l'indemnité un secours de 50 francs.

M . Statutaire, Puteaux.

Enfants, 8 : 15, 13, 11, 9 ½, 8 ½, 4 ½, 2 ½, 1 an ½.

Mari : Décédé le 20 février 1910.

Observations : Cette femme était depuis cinq ans de la Mutualité; ils habitaient à Issy-les-Moulineaux et pendant les inondations ils ont tout perdu. Le mari a eu une pneumonie pendant qu'ils étaient hospitalisés chez les sœurs de Saint-Thomas, de Villeneuve, il a été huit jours malade. Cette femme a touché 150 francs de la Mairie pour le mobilier, elle est venue à Puteaux après son veuvage, a travaillé pendant quelque temps, mais ses enfants étaient malades, elle n'a pu continuer. Elle a à sa charge son père de 68 ans, qui est arrivé de la campagne depuis deux mois. Le garçon aîné gagne 1 fr. 60, le second 1 franc par jour.

Cette femme, pour vivre, a été obligée de vendre beaucoup de choses, mais tout s'épuise. Elle reçoit 8 livres de pain la semaine, de la Mairie, et 6 livres des sœurs, 16 fr. par mois de l'Assistance pour l'allaitement.

Cette femme voudrait placer quelques-uns de ses enfants, mais elle ne connaît personne à Puteaux. Elle habite au rez-de-chaussée un logement de 280 francs, elle doit un terme échu.

La maison est assez propre, les enfants bien tenus, mais malades, la dernière est nouée, elle ne tient pas sur ses jambes.

Vu l'état de misère, la Mutualité Maternelle a accordé un secours de 50 francs en nature. De plus, cette participante a été recommandée à la Section.

M. 32.776. Extra statutaire, Clichy.

Enfants, 3 : 3, 2, 1 an.

Mari : Chapelier.

Gain : 6 à 7 francs par jour.

Observations : Accouchement normal par Mme Martin, sage-femme. Loyer 800 francs, avec patente 150 francs, pour quatre pièces, avec cour et hangar pour l'atelier du mari, qui fait un peu tout par lui-même, n'occupant qu'un homme de journée.

Cette famille qui a été sinistrée, perdant dans leur cave : vernis, couleurs et essences pour leur travail, n'a reçu que 80 francs de la Mairie; elle est très éprouvée par la maladie; la mère est très délicate, l'enfant nouveau-né a la jaunisse, celui de 1 an a la maladie des os et ses jambes n'ont aucune force.

Le père a fait 23 jours de service à Sedan, est rentré en octobre avec une broncho-pneumonie dont il souffre encore.

Les Dames de la Croix-Rouge ont fait admettre cette mère à la Mutualité Maternelle lors de l'inondation. Cette famille est très intéressante et ne semble pas très aisée.

Ecrit à la Section que, sur les fonds des sinistrés il pourrait être alloué un secours à cette famille.

M. 30.783. Extra statutaire, Hôtel-de-Ville.

Enfants, 7 : 21, 17, 14, 12, 8, 6, 4 ans.

Mari : Journalier.

Gain : 1 fr. 50 par jour.

Observations : Accouchement difficile par une sage-femme. C'est le mari qui a aidé à la délivrance, l'enfant se présentant par le siège ; c'est le 13e enfant que cette femme a. Elle a dû être transportée à l'hôpital par ordre du médecin, on craint la fièvre puerpérale.

304 francs de loyer, trois petites pièces au premier sur la cour. Intérieur très modeste et aussi bien tenu que possible.

Le fils aîné, âgé de 17 ans, gagne 4 francs par jour et est très bon pour ses parents. La fille de 14 ans est en apprentissage.

Ces gens sont du Bureau de bienfaisance, le père étant malade, il a passé quatre mois dans un sanatorium. La misère est grande.

Vu l'état de misère, la Mutualité Maternelle a accordé en plus de l'indemnité, un secours de 20 francs.

M. 27.483. Statutaire, Charonne.

Enfants, 11 : 20, 19, 17 ½, 16, 14, 12, 9, 6, 4 ½, 2 ans ½ et 15 mois.

Mari : Cantonnier.

Gain : 5 francs par jour.

Observations : L'accouchement a été normal par une sage-femme de la Mairie, la mère se remet bien. 350 fr. de loyer, un petit rez-de-chaussée et deux pièces au premier, intérieur très simple, mais remarquablement bien tenu.

Cette femme dit avoir passé beaucoup de misère ; aujourd'hui, elle est un peu plus tranquille, ses aînés travaillent.

Cette femme a été recommandée à la Section.

M. 26.549. Statutaire, Charonne.
Enfants, 4 : 7, 5, 4, 2 ans.
Mari : Marchand ambulant (est malade).
Gain : Nul en ce moment.

Observations : Cette dame a eu un très mauvais accouchement : 62 heures de douleurs. L'enfant se présentait par le siège. La mère est restée très affaiblie, mais le bébé est beau.

Cette femme est concierge, son intérieur est très bien tenu.

Le mari est tuberculeux et ne peut travailler.

Grande misère.

La Section à laquelle cette participante a été recommandée, s'en est occupée.

M. 25.131. Statutaire, Plaisance.
Enfants, 7 : 21, 14, 13, 10, 9, 7, 3 ans.
Mari : Camionneur.
Gain : 6 francs par jour.

Observations : Accouchement normal par une sage-femme de la Mairie. 300 francs de loyer, une petite boutique sur la rue, avec deux petites pièces sombres derrière, intérieur très pauvre, mais assez bien tenu.

Le seul enfant qui pourrait aider, un jeune homme de 21 ans, accomplit en ce moment son service militaire.

Le père gagne 6 francs par jour pour une journée de 14 et quelquefois 15 heures. Sa femme lui donne 1 fr. 50 par jour pour se nourrir au dehors il reste donc 4 fr. 50 pour la maison.

La fille aînée, âgée de 14 ans, est en apprentissage et gagne 0 fr. 50 par jour.

Cette femme a toutes les peines du monde à arriver, elle est désolée de la naissance de ce dernier enfant, son dixième, dont huit vivants, elle est âgée de 44 ans.

Famille digne du plus grand intérêt.

Vu l'état de misère, la Mutualité Maternelle a accordé en plus de l'indemnité, 30 francs en aliments.

M. 32.970. Extra statutaire, Monge.
Enfants, 5 : 6, 5, 4, 2 ans, 13 mois.
Mari : Garçon de magasin.
Gain : 125 francs par mois

Observations : Accouchement normal par sage-femme de la Mairie, Mme Sarcey. Loyer 220 francs, deux chambres au premier, assez grandes et tenues très propres. L'enfant est beau, la mère se remet lentement ; tous ces enfants sont délicats, l'aîné des garçons, 5 ans, a les jambes tournées, il est soigné à Furtado-Heine et on espère qu'il pourra être admis à Berck.

Cette famille est très intéressante, la mère semble très ordonnée ; c'est une infirmière de la Section Monge qui vient tous les matins faire le ménage et préparer les repas.

La Mutualité Maternelle a accordé en plus de l'indemnité des coupons d'étoffe.

M. 31.643. Extra statutaire, Hôtel-de-Ville.
Enfants, 4 : 6½, 5, 3 ans, 14 mois.
Mari : Vendeur ambulant.
Gain : 5 francs par jour.

Observations : L'accouchement s'est bien passé, mais la mère craint une phlébite, elle souffre beaucoup des jambes.

Les enfants sont beaux tous deux et ne demandent qu'à vivre. Ils sont proprement tenus. La mère est toute jeune, malgré ses nombreux enfants. La dernière, de 14 mois, ne marche pas encore.

Elle aura beaucoup de fatigues avec tous ses petits.

Cette femme paraît très bien et sûrement est une bonne ménagère. Elle va allaiter ses jumeaux, mais n'ayant pas assez de lait, elle s'aidera du biberon. Intérieur pauvre. Loyer 225 francs, une seule pièce et un cabinet. Cette pauvre femme voudrait obtenir des bons de lait, car sa petite fille de quatorze mois en boit encore.

Femme recommandée à la Section, qui devra lui donner un supplément sur les fonds de la caisse des sinistrés.

M. 28.397. Statutaire, Grenelle.
Enfants, 5 : 9 ½, 6, 4, 2 ans ½, 15 mois.
Mari : Journalier.
Gain : 5 fr. 50 par jour.

Observations : Bon accouchement chez elle, l'enfant est très beau. 250 francs de loyer et une cuisine, le tout très pauvrement meublé; la gène est naturellement dans cet intérieur, le gain du père étant bien minime pour nourrir et entretenir tant de monde. La mère ne peut songer à travailler avec tous ses enfants, d'autant plus qu'elle aura maintenant trois enfants ne marchant pas ; sa dernière ayant quinze mois, celle de quatre ans, qui a la cuisse cassée, la pauvre petite vient d'être déplâtrée et ne peut encore bouger. Tout cela est bien du souci et du tourment pour la pauvre mère. Le mari travaille régulièrement, mais qu'est-ce que 5 fr. 50 pour une aussi nombreuse famille.

Vu l'état de misère, la Mutualité Maternelle a accordé en plus de l'indemnité, de la toile pour faire des draps.

M. 32.506. Extra statutaire, Ménilmontant.
Enfants, 7 : 14, 13, 11, 9, 7, 5, 2 ans ½.
Mari : Peintre.
Gain : 6 francs par jour.

Observations : Accouchement normal par sage-femme de la Mairie. L'enfant est assez fort, mais la mère va bien doucement. J'ai trouvé quelqu'un près d'elle. Cette femme est faible étant fatiguée de tant d'enfants, elle aurait besoin de fortifiants qu'elle ne peut guère s'offrir ; elle pense d'abord aux siens et aux besoins de chaque jour.

Dans la bonne saison, le mari travaille régulièrement, mais l'hiver il chôme souvent, ce qui vient mettre la gêne dans le ménage, car il n'en faut pas moins, tout en se privant, donner la nourriture de chaque jour. Il faut déjà 6 à 7 livres de pain ; il faut bien de l'économie pour arriver et prélever un loyer de 300 francs. Le logement comprend deux pièces et petite cuisine, intérieur pauvre et tenu assez propre.

Elle aura des mois de nourrice et la Charité maternelle.

Vu l'état de misère, cette femme a été recommandée à la Section et la Mutualité Maternelle a accordé en plus de l'indemnité des bons de lait.

M. 29.711. Statutaire, Reuilly.
Enfants, 2 : 3 ans ½, 11 mois.
Mari : Contrôleur aux Omnibus.
Gain : 4 fr. 50 par jour.

Observations : Accouchement normal fait par une sage-femme de la Mairie, le bébé va bien.

Cette femme est d'une grande faiblesse, elle ne peut se donner des fortifiants. Elle me dit que depuis son accouchement elle n'a pu manger que des pommes de terre, et ceci forcément, son mari, pour la soigner, elle et les enfants, laver le linge, faire tout le ménage, a pris dix jours de congé qui ne lui sont pas payés. Cela me paraît bien malheureux, mais n'osant rien dire, cette petite femme pleure : je l'ai trouvée debout pour s'occuper des enfants.

Ils habitent au quatrième, une chambre, une cuisine simple, propre, très aérée, loyer 260 francs.

Recommander cette femme à la section.

Vu l'état de misère, la Mutualité Maternelle, en plus de l'indemnité, a accordé un secours de 20 francs en aliments.

M. 32.800. Extra statutaire, Grenelle.
Enfants, 5 : 16, 12, 10, 8, 5 ans.
Mari : Menuisier.
Gain : 6 francs par jour.

Observations : Accouchement normal par Mme Molière, sage-femme de la Mairie. Loyer 250 francs, une chambre avec cuisine, local bien étroit pour cette famille ; les quatre filles couchent dans le même lit ; l'aînée a 16 ans, est très grosse, presque difforme, est à la campagne avec la grand'mère. C'est la fillette de 12 ans qui soigne l'intérieur, trois enfants vont en classe et y ont la cantine.

La mère est très faible et a besoin de soins. Il faudrait des draps, car il n'y a plus le change ; les enfants ont des robes faites de morceaux, la mère fait tout par elle-même, elle semble courageuse.

Vu l'état de misère, la Mutualité Maternelle a accordé en plus de l'indemnité une coupe de toile de coton.

M. 29.095. Statutaire, La Villette.
Enfants, 7 : 13 ½, 9 ½, 8, 7 ½, 5, 2 ans ½, 14 mois.
Mari : Garçon maçon.
Gain : 6 francs par jour.

Observations : L'accouchement a été normal par une sage-femme de la Mairie. 240 francs de loyer, deux pièces au rez-de-chaussée sur la cour.

Intérieur très modeste, mais bien tenu.

Cette femme avait sollicité la Charité Maternelle, mais elle ne l'a pas obtenue, les enfants n'étant pas nés à Paris (ils sont nés à Aubervilliers), cependant elle en aurait bien besoin; elle ne touche rien du Bureau de bienfaisance, n'ayant pas six mois de séjour ici.

Le mari a été presque six mois sans travailler cet hiver, rapport aux inondations.

Ces gens sont très malheureux, malgré cela, la maison est propre et les enfants aussi.

6 francs par jour pour dix personnes.

Vu l'état de misère, la Mutualité Maternelle a accordé en plus de l'indemnité un supplément de 20 francs en nature.

M. 26.171. Statutaire, Italie.

Enfants, 5 : 10, 8 ½, 4, 3, 2 ans.

Mari : Journalier.

Gain : 5 fr. 50 par jour.

Observations : Accouchement normal par une sage-femme de la Mairie. Paie 200 francs de loyer, deux pièces et une cuisine au rez-de-chaussée. Dans la maison il n'y a que des lits et une table, mais le tout est remarquablement propre.

Le bébé est très beau, ces gens me paraissent très intéressants, ils ont la plus grande peine à arriver avec le gain du mari, si minime.

Tous les enfants sont très jeunes, par conséquent aucun ne peut aider.

Si l'on pouvait accorder un petit secours supplémentaire il serait bien placé là.

Vu l'état de misère, la Mutualité Maternelle a accordé en plus de l'indemnité un secours en nature, linge et vêtements.

M. 707. Extra statutaire, Ivry.

Enfants, 6 : 13, 11, 9, 7, 2 ans.

Mari : Charretier.

Gain : 5 fr. 50 par jour.

Observations : Cette famille de huit personnes se trouve dans le plus grand besoin, habite dans une seule pièce et possède comme mobilier deux lits, un berceau, une table et une chaise.

Vu l'état de misère, recommander cette famille à la Section pour être secourue sur les fonds des sinistrés.

M. 33.034. Extra statutaire, La Gare.

Enfants, 2 : 6, 4 ans.

Mari : Homme de peine (ne travaille pas, est malade depuis cinq mois).

Observations : Accouchement normal par sage-femme de la Mairie, l'enfant est beau et la mère va très bien.

J'ai trouvé son mari près d'elle qui, malheureusement est depuis cinq mois malade, il est sorti de l'hôpital, mais incapable de travailler, c'est la misère.

Il faut aller à crédit partout, ils l'obtiennent parce qu'ils sont connus pour d'honnêtes gens, mais on pourrait, à force, leur refuser le pain, chose bien triste quand des enfants réclament du pain et qu'il n'y en a pas.

La femme travaillait un peu et rapportait autant que peut rapporter une femme, mais ne pouvait plus dans les derniers temps. Maintenant un enfant de plus à élever, que vont-ils devenir ?

Ils ont demandé un secours à la Mairie, il leur a été refusé sans que l'on vienne voir. Ils ont fait une deuxième demande, le mari disant qu'il n'avait plus qu'à se faire mourir. Pour les en empêcher, il leur a été envoyé 10 fr., rien depuis.

Ils habitent un rez-de-chaussée, 220 francs de loyer, ils doivent deux termes, heureusement que le propriétaire prend leur situation en considération ; ils payaient bien avant.

Intérieur pauvre et tenu propre.

Vu l'état de misère, la Mutualité Maternelle a accordé en plus de l'indemnité 30 francs en nature.

M. 26.487. Statutaire, Reuilly.

Enfants, 8 : 20, 18, 16, 14, 12, 10, 8, 4 ans.

Mari : Cantonnier.

Gain : 5 francs par jour.

Observations : Accouchement douloureux par Mme Gobert, sage-femme de la Mairie et le docteur Maillard ; le délivre n'ayant pas pu être retiré, ce docteur n'a pris que 20 fr. pour ses soins très nécessaires, il a fait en plus deux visites, car la mère est très affaiblie.

L'enfant est très beau.

L'aînée, 20 ans, est mariée depuis quelques jours ; celle de 18 ans est restée pour soigner sa mère. Elle gagne 2 fr. par jour et ses sœurs, 16 et 14 ans, 1 franc chacune.

Loyer 200 francs, deux chambres au rez-de-chaussée, avec deux lits seulement pour cette grande famille.

Les secours de couche et de la Mutualité Maternelle sont demandés.

Famille intéressante.

Famille recommandée à la Section.

M. 25.296. Statutaire, Les Epinettes.
Enfants, 5 : 13, 11, 9, 7, 2 ans ½.
Mari : Encadreur.
Gain : 5 à 6 francs par jour.

Observations : Accouchement normal par sage-femme à Lariboisière. L'enfant est superbe et la mère que j'ai trouvé rentrée chez elle, va assez bien ; elle a eu une mauvaise grossesse.

Cette femme fait bien tout ce qu'elle peut pour arriver à donner à ses enfants ce qui leur est nécessaire, mais c'est difficile ; lorsque le mari a du travail, ça peut aller, mais il a de la morte-saison chaque année, et c'est en ce moment.

Elle paraît bonne mère, ses enfants sont bien soignés et tenus propres ; leurs vêtements bien raccommodés. Ils paraissent bien portants.

Ils habitent au premier un logement assez convenable : 300 francs de loyer, intérieur très modeste, mais tenu assez propre.

Elle va demander des mois de nourrice. Elle aura la Charité Maternelle.

Vu l'état de misère, la Mutualité Maternelle a accordé en plus de l'indemnité un supplément de 20 francs, du linge, des vêtements et de l'étoffe.

M. 20.565. Statutaire, Asnières.
Enfants, 5 : 14, 13, 9, 4, 2 ans.
Mari : Journalier.
Gain : 5 francs par jour.

Observations : Accouchement très long, fait à l'hôpital Beaujon, le bébé a eu de l'entérite. Depuis que la mère est rentrée, il va mieux, cette femme est très fatiguée, c'est son douzième enfant. Elle travaille beaucoup pour aider à vivre ; le garçon de 14 ans gagne 1 fr. 50 et la fille de 13 ans ne travaille pas.

Ils habitent au premier deux chambres propres, mais pas très grandes pour toute cette famille. Loyer 200 fr.

En raison du grand nombre d'enfants, cette famille a été recommandée à la Section.

M. 31.669. Extra statutaire, Choisy-le-Roi.
Enfants, 2 : 8, 4 ans.
Mari : (Décédé).

Observations : Mari mort tuberculeux le 9 juillet.

Très grande misère. Loyer 140 francs. N'y a-t-il pas à faire quelque chose pour un cas si pénible ?

Vu l'état de misère, la Mutualité Maternelle a accordé en plus de l'indemnité un secours de 25 francs.

M. 30.980. Extra statutaire, La Plaine-Saint-Denis.
Enfants, 6 : 12, 10, 8, 6, 4, 2 ans.
Mari : Charretier.
Gain : 5 francs.

Observations : Accouchement normal à la Maternité. Loyer 220 francs, deux chambres au rez-de-chaussée, dont une sans jour et sans air, ce local est trop petit pour cette grande famille. L'intérieur est pauvre, mais les enfants sont proprement tenus, et ont bonne santé. L'enfant nouveau-né est belle, la mère est très fatiguée, elle a de la lymphangite.

Le secours de nourrice est demandé, mais la commune n'a pas la Charité Maternelle ni la Cantine gratuite pour les enfants, les cinq aînés vont en classe.

Le père aime bien sa famille qui est d'ailleurs très intéressante.

Depuis l'accouchement, le mari a été blessé et ne touche que demi-solde, soit 2 fr. 50. Comment cette famille peut-elle vivre ?

Cette femme a été recommandée au Maire de La Plaine-Saint-Denis qui a donné un secours.

La Section est intervenue.

M. 32.060. Extra statutaire, Clichy.
Enfant : Le nouveau-né.
Mari : Terrassier.
Gain : 5 francs par jour.

Observations : Accouchement douloureux par Madame Muller, de la Mairie. L'enfant est petite, mais prend bien le sein ; la mère se remet bien. Loyer 170 francs, deux petites chambres au rez-de-chaussée, tenues proprement par une voisine obligeante.

Cette famille sinistrée n'a rien obtenu de la Mairie, parce qu'elle n'avait pas d'enfant.

Seules, les Dames de la Croix-Rouge ont donné deux lits en fer, un peu de linge, une table.

Le mari est asthmatique et travaille peu en hiver à cause de l'oppression.

La maison qu'elle habitait s'est effondrée et le peu de meubles qu'elle possédait a été perdu.

Ecrit à la Section pour donner à cette femme un supplément sur Caisse des sinistrés.

M. 32.339. Extra statutaire, Ménilmontant.

Enfant : Le nouveau né.

Mari : (Décédé il y a six mois).

Observations : Accouchement normal par sage-femme de l'hôpital Tenon. L'enfant est beau et la mère que j'ai trouvée rentrée chez elle va aussi bien que possible. Cette femme, veuve depuis six mois, habite avec sa mère, qui est veuve aussi et qui a encore deux enfants trop jeunes pour rapporter.

La mère fait ce qu'elle trouve, des lavages et des ménages. Il faudra absolument mettre ce nouveau-né dans une crèche pour qu'elles puissent travailler.

Elles habitent au quatrième, deux pièces, 250 francs, mais augmentées pour le prochain terme de 20 francs, ce qui est bien fâcheux pour elles, car ce sera déjà bien difficile d'arriver.

Elle va essayer de demander, comme veuve, des mois de nourrice.

Ces femmes sont très méritantes.

Vu l'état de misère, la Mutualité Maternelle a accordé en plus de l'indemnité, 20 francs de supplément.

M. 30.897. Statutaire, Les Bernardins.

Enfants, 5 : 12, 10, 9, 7, 4 ans.

Mari : Porteur aux Halles.

Gain : 3 francs par jour.

Observations : Bon accouchement ; la mère ne paraît pas abattue, l'enfant est beau. Cette femme nourrit ses enfants jusqu'à trois ans ; elle et son mari travaillent aux Halles, de deux heures du matin jusqu'à 7 heures ; pendant ce temps, le garçon aîné, de 12 ans, veille sur les autres petits. Intérieur très pauvre, mais misérable, Loyer 250 francs, deux petites pièces pas aérées. Tous les petits sont bien portants et cependant ils ne peuvent vivre avec les 4 fr. 50 des parents pour tant de monde.

Recommandée à la Section.

M. . Extra statutaire, Les Bernardins.
Enfants, 4 : 11 ½, 10 ½, 9, 7 ans.
Mari : Homme de peine.
Gain : 4 fr. 30 par jour.

Observations : Loyer 210 francs, une grande chambre au troisième, sur la cour.

Accouchement normal par une sage-femme de la Mairie. Cette femme est depuis longtemps malade, elle a eu une congestion pulmonaire.

La misère est grande, le père gagne trop peu pour une si grande famille.

Tout le monde dans une seule chambre, les lits des enfants sont séparés de celui des parents par un simple rideau. Cette femme a dû accoucher devant ses enfants.

Malgré cela, on ne se plaint pas, et la mère conserve une certaine dignité. Grande misère.

Cette femme a été recommandée à la Section, qui s'en est occupée.

M. 31.690. Extra statutaire, Maisons-Alfort.
Enfants, 4 : 16, 15, 10 ½ et 5 ½.
Mari : Journalier.
Gain : 5 francs par jour.

Observations : Famille très éprouvée. La mère dans un état grave, ayant eu une hémorragie, ce qui a causé la mort du bébé. Victimes de l'inondation comme dégâts et chômage. Le deuxième fils, en ce moment à l'hôpital Saint-Maurice : blessure à la main droite survenue pendant son travail à la Vermicellerie.

Famille dans une grande misère, à secourir immédiatement.

M. 30.146. Extra statutaire, Hôtel-de-Ville.
Enfants, 5 : 12, 9, 8, 5 et 3 ans.
Mari : Marchand des quatre-saisons.

Observations : Accouchement normal par sage-femme de la Mairie; enfant assez fort, la mère parait bien aller. J'ai trouvé des voisines près d'elle. Ils habitent une seule pièce très mal éclairée, dans une vieille maison. Loyer, 200 francs.

Ils ont bien du mal à arriver avec cette famille, attendu que le mari a un travail très irrégulier et souvent occasionné par le manque d'argent pour faire des achats aux Halles.

Ils ont un intérieur pauvre. Ils habitent une seule pièce 200 francs de loyer. Elle va demander des mois de nourrice. N'a pas connu la Charité maternelle.

M. 32.155. Extra statutaire, Rue Martre.
Enfants, 9 : 18, 16, 15, 13 ½, 10, 8, 5, 3 ans et 17 mois.
Mari : Homme de peine.
Gain : 5 francs par jour.

Observations : Accouchement normal, très long, fait par une sage-femme de la Mairie. Le bébé va bien.

Cette femme est très fatiguée, c'est son onzième enfant. Cette femme a eu une mauvaise grossesse. De plus, son mari a été malade pendant 2 mois au moment des inondations, ils ont eu de l'eau dans leur cave et dans la cour, ils habitaient le 1er et le 2e.

La fille aînée gagne 2 fr. 50, celle de 16 ans, 15 francs par mois et celle de 15 ans gagne 1 fr. 50. Ils habitent 1 logement 300 francs.

M. 31.807. Extra statutaire, Ivry.
Enfants, 7 : 14, 12, 10, 8, 6, 4, 2 ans.
Mari : Journalier.
Gain : 5 francs par jour.

Observations : Ce ménage habite une pièce au 1er, avec un cabinet pour coucher les enfants. Il n'y a même pas de cheminée potable pour pouvoir faire à manger.

L'hygiène laisse à désirer, le bébé est très chétif.

M. 32.841. Extra statutaire, Charonne.
Enfants, 7 : 12, 9, 8, 7, 6, 4 ans et 22 mois.
Mari : Garçon livreur.
Gain : 150 francs par mois.

Observations : Bon accouchement par sage-femme du bureau. Elle se remet tout doucement. Cette femme a eu 12 enfants, dont 4 sont morts. Elle est bien fatiguée. Le loyer est de 200 francs, 3 pièces propres et bien tenues. C'est la petite fille de 9 ans qui était occupée à faire le ménage.

On voit que la mère est une bonne ménagère, elle a bien à faire et à compter pour tenir propre et nourrir toute cette famille. Le mari travaille régulièrement, mais il faut vivre avec économie pour que le gain suffise à tout.

Famille digne d'intérêt.

M. 26.710. Statutaire, Clignancourt.

Enfant, 1 : 3 ans.

Mari : Garçon de magasin.

Gain : 140 francs par mois.

Observations : Bon accouchement chez elle, elle est aussi bien que possible. L'enfant est beau. Intérieur très modeste, mais propre et bien tenu. Loyer, 300 francs. Ce jeune ménage se trouve en ce moment dans une grande gêne, ils n'ont pu donner qu'un acompte de 30 francs sur le dernier terme et on leur a fait comprendre qu'on pouvait les renvoyer s'ils ne donnaient pas le reste avant le 15 de ce mois. La jeune femme demande donc la faveur d'avoir tout ce qu'elle doit toucher cette semaine, s'il est possible, elle en serait très reconnaissante. Elle va passer 8 jours à partir de dimanche prochain chez sa tante à Beaumont. Son mari ne gagnait que 120 francs, il vient d'être augmenté seulement.

Cette jeune femme qui est estropiée de la main droite fait le ménage chez une dame qui l'a prise en amitié, nulle part ailleurs on ne la voudrait avec son infirmité.

Ce jeune ménage me paraît digne d'intérêt.

M. 30.257. Extra statutaire, Belleville.

Enfants, 6 : 16, 13, 10, 8, 6 ans, 18 mois.

Mari : Batteur d'or.

Gain : 4 fr. 50 par jour.

Observations : Accouchement normal à Tenon. L'enfant petit, la mère va assez bien. Je l'ai trouvée chez elle, occupée aux soins de ses enfants.

Ces gens sont malheureux, le mari gagne peu pour les besoins du ménage. Avec des enfants si jeunes, la femme ne peut travailler au dehors, il lui faut du lait pour le nouveau-né et celui de 18 mois qui ne marche pas encore. Elle a fait une demande de lait chez Rothschild, mais elle n'a pas de réponse, c'est regrettable, car ils sont malheureux. Les sœurs donnent quelques bons de pain et de viande.

Ils habitent un rez-de-chaussée 220 francs de loyer, 2 petites pièces dont l'une est très noire, logement malsain pour les enfants.

Elle va demander des mois de nourrice. Elle a la Charité Maternelle.

M. 30.741. Extra statutaire, Clichy.

Enfants, 8 : 20, 18, 15 ½, 12 ½, 10, 8, 7 ans, 20 mois.

Mari : Menuisier.

Gain : 7 francs par jour.

Observations : Accouchement normal fait par une sage-femme de la Mairie, le bébé va bien.

Cette femme est fatiguée, c'est son neuvième enfant. Il y a des enfants de 3 lits, la fille aînée n'est plus chez elle, celle de 15 ans ½ gagne 2 francs, elle a soigné sa mère, le garçon de 20 ans est parti aussi de la maison.

Cette femme est fatiguée, elle a besoin de repos.

Elle habite au rez-de-chaussée, 1 logement, 160 francs de loyer.

M. 31.598. Extra statutaire, Unité.

Enfants, 9 : 20, 18, 17, 15, 14, 12, 11, 3 ½, 13 mois.

Mari : Sans travail depuis un an.

Observations : Accouchement normal par sage-femme de la Mairie. L'enfant petit, la mère va assez bien. Je l'ai trouvée aux soins du ménage. Cette femme est très malheureuse, elle n'a que ses enfants pour rapporter à la maison, car le mari, depuis une année ne travaille pas et prend ses repas chez sa mère.

Ces pauvres gens ont congé faute de n'avoir pu payer son terme d'avance.

La pauvre femme est désolée de se voir dans la rue avec autant d'enfants, que de difficultés pour se loger.

Ils ont 300 francs de loyer au rez-de-chaussée, très humide et intérieur misérable, tout ce qu'il y a de plus misérable.

Elle aura des mois de nourrice ainsi que la Charité maternelle.

M. 33.028. Extra statutaire, Reuilly.

Enfants, 5 : 15, 13 ½, 8 ½, 5 ½, 3 ½.

Mari : Journalier.

Gain : 30 francs par semaine.

Observations : Bon accouchement chez elle, par sage-femme du Bureau, elle est debout à faire son ménage, malgré son peu de forces. Cette femme a eu 7 enfants dont 6 vivants, l'aînée de ses filles a eu la cheville cassée elle est restée un mois sans travailler, elle vient de recommencer aujourd'hui mais elle ne gagne que 1 fr. 50 par semaine. Le petit garçon de 3 ans ½ va être opéré d'une hernie étranglée. La seconde est très délicate et a fait plusieurs maladies.

Cette pauvre femme est bien éprouvée avec ses enfants, et elle a beaucoup de mal avec toute cette famille. Loyer, 300 francs, 3 pièces claires et aérées, le tout très propre, et bien tenu.

Cette famille est très digne d'intérêt.

M. 32.621. Extra statutaire, La Villette.

Enfants, 3 : 8, 3 ans et 18 mois.

Mari : A abandonné sa femme.

Observations : Accouchement normal fait par une sage-femme de la Mairie. Le bébé va bien. Cette femme est au lit depuis 3 jours et est obligée de changer de logement. Elle a sa sœur avec elle. Je l'ai visitée, au 58, rue de Crimée, elle n'a pas été sinistrée, habitant ici depuis 2 ans. Seulement le père de ses enfants l'a quittée au mois de janvier et depuis, elle n'a plus entendu parler de lui. Elle est dans la misère.

Elle va habiter un logement de 210 francs.

M. 33.061. Extra statutaire, Vincennes.

Enfants, 3 : 7, 4, 2 ans .

Mari : Travaille à façon dans maroquinerie.

Gain : 3 fr. 50 à 4 francs par jour.

Observations : Cette famille est des plus malheureuses, tout manque dans cette maison.

Le père, la mère et les petits font pitié.

M. 29.095. La Villette.

Enfants, 7 : 13 ½, 9, 8, 7 ½, 5 ½, 2 ½, 14 mois.

Mari : Garçon maçon.

Gain : 6 francs par jour.

Observations : L'accouchement a été normal par une sage-femme de la mairie. 240 francs de loyer, 2 pièces au rez-de-chaussée, sur la cour.

Intérieur très modeste mais bien tenu.

Cette femme avait sollicité la Charité maternelle, mais elle ne l'a pas obtenue, ses enfants n'étant pas nés à Paris (ils sont nés à Aubervilliers), cependant elle en aurait bien besoin, elle ne touche rien du Bureau de bienfaisance, n'ayant pas six mois de séjour ici.

Le mari a été presque six mois sans travailler cet hiver, rapport aux inondations.

Ces gens sont très malheureux, malgré cela; la maison est propre et les enfants aussi.

6 francs par jour pour dix personnes.

M. 26.629. Bagnolet.

Enfants, 3 : 6 ½, 5, 2 ans.

Mari : Employé au gaz.

Gain : Malade, ne travaille plus.

Observations : Accouchement normal fait par la sage-femme de la Mairie, le bébé va bien. Cette femme est bien portante, mais elle ne peut pas se donner les soins dont elle aurait besoin. Son mari était au gaz de Saint-Mandé, à la suite de refroidissements il est tombé malade et est resté 3 mois à l'hôpital Tenon. On devait l'envoyer dans un sanatorium, mais demeurant en banlieue on n'a pu le faire. Jusqu'au 1er juin, il a reçu la moitié de sa paye, 4 francs par jour; depuis cette date, il est réformé et ne touche plus rien. Ces gens sont malheureux mais, malgré tout, sont propres; les enfants paraissent bien élevés.

Cet homme qui s'occupe du ménage et des enfants pendant que sa femme est au lit, me disait qu'il pourrait travailler dans un jardin ou au dehors, mais pas dans un atelier, car il manque d'air. Il aurait besoin de suralimentation, mais il ne lui est pas possible de le faire.

Ils habitent au 2e, 2 grandes chambres aérées et très bien éclairées, 200 francs de loyer.

M. 28.651. La Plaine-Saint-Denis.

Enfants, 5 : 13, 11, 7, 3 ½, 15 mois.

Mari : Journalier.

Gain : 5 francs par jour.

Observations : Accouchement chez elle par sage-femme. La mère paraît malade, elle se plaint de la jambe, elle craint une phlébite et elle est désolée de se voir pour si longtemps au lit avec ses six enfants; l'avant-dernière fillette de 15 mois qui ne marche pas encore est d'un grand embarras.

Cette femme reste seule, personne pour la soigner ni s'occuper des petits, le mari est malade, mais il est obligé de travailler quand même.

Le loyer est de 310 francs.

2 pièces et 1 cuisine pour loger 8 personnes.

Il y a des lits partout.

Comme cette femme paraît malade, je lui ai dit de prendre une garde pour quelques heures par jour.

M. 31.221. Extra statutaire, Belleville.

Enfants, 6 : 14, 11, 10, 7, 4, 2 ans.

Mari : Menuisier.

Gain : 6 francs par jour.

Observations : Accouchement normal par sage-femme de la Mairie; l'enfant est assez fort et la mère va bien doucement. Cette femme est fatiguée. J'ai trouvé sa fille aînée près d'elle qui commence à travailler et gagne 1 fr. 50. C'est toujours un petit soulagement pour cette nombreuse famille où il faut chaque jour 5 à 6 livres de pain. Le gain du mari est bien juste pour arriver et payer un loyer de 250 francs situé au 4e. Intérieur pauvre, absolument rien que l'indispensable.

Elle va demander des mois de nourrice et aura la Charité maternelle.

M. 30.100. Extra statutaire, La Villette.

Enfants, 6 : 16, 13, 10, 8 ans, 14 mois.

Mari : Homme de peine.

Gain : 5 fr. 50 par jour.

Observations : Accouchement difficile par sage-femme de la Mairie, il y a eu hémorragie à la suite. L'enfant est beau et la mère va bien maintenant.

Ils ne paraissent pas malheureux malgré cette nombreuse famille, la femme paraît bien savoir s'arranger, il faut chaque jour 12 livres de pain. Ils ont leur mère à charge, mais elle travaille, elle aide à élever les enfants.

Ils habitent une maison seule dans un terrain au milieu des champs : 100 francs de loyer. Intérieur pauvre et assez propre.

M. . Extra statutaire, Ivry.

Enfants, 2 : 3 et 2 ans.

Mari : Manœuvre.

Gain : 4 francs par jour.

Observations : Cette personne est à compter au nombre des sinistrées et se trouve dans une situation digne d'intérêt. Un secours immédiat serait bien placé et lui viendrait en aide.

M. . Extra statutaire, Ivry.
Enfants, 6 : Dont le dernier à 5 ans.
Mari : Manœuvre.
Gain : 5 francs par jour.

Observations : Cette personne habite le rez-de-chaussée et a été sinistrée. Le mari est déjà d'un certain âge, la fille aînée est mariée, un fils travaille et le père aussi.

M. 3.060. Statutaire, Plaisance.
Enfants, 5 : 17, 14, 12, 4, 2 ans.
Mari : Cocher.
Gain : 5 francs par jour.

Observations : Accouchement normal par sage-femme de la Mairie. Loyer : 310 francs. 3 chambres au premier étage, simples et propres. L'enfant est superbe, la mère se remet bien. L'aîné a 17 ans, apprenti peintre, gagne 1 franc 50. La jeune, 14 ans, apprentie brodeuse, gagne aussi 1 fr. 50. Les secours de nourrice et de couche sont demandés.

La Charité maternelle n'est pas accordée.

M. 23.375. Statutaire, Levallois-Perret.
Enfants, 5 : 13, 10, 8, 6, 4 ans.
Mari : Fumiste.
Gain : 7 francs par jour.

Observations : Accouchement normal par sage-femme de la Mairie. Mme Mosamjeau. Loyer, 250 francs, 2 chambres au 2e étage, tenues proprement. L'enfant est beau mais la mère se remet avec peine, on craint une phlébite. L'aîné, 13 ans, va entrer en apprentissage, il est délicat, les autres vont en classe. La maladie ayant éprouvé cette famille, elle a deux termes de loyer en retard et doit beaucoup au boulanger. Elle demande le secours de nourrice, mais craint de ne pas l'obtenir, le père n'étant naturalisé que depuis un an.

M. 29.708. Extra statutaire, XIVe arrondissement.
Enfants, 5 : 15, 8, 6, 4, 2 ans.
Mari : Homme de peine.
Gain : 5 francs par jour.

Observations : Accouchement normal par sage-femme de la Mairie, les enfants sont assez beaux, la mère va bien doucement, bien fatiguée. Ils ne sont pas heureux avec cette nombreuse famille, surtout que le mari est malade assez souvent, il est épileptique, il va être admis au Bureau, 10 francs par mois

La femme a reçu secours de grossesse, 10 francs. Ils ont 320 francs de loyer, ils reçoivent 10 francs à chaque terme.

Elle aura mois de nourrice, ainsi que la Charité maternelle.

M. 31.918. Extra statutaire, Clignancourt.

Enfants, 4 : 10, 6 ½, 3 ans, 11 mois.

Mari : Aux voitures.

Gain : 4 fr. 50 par jour.

Observations : Accouchement très dur et douloureux, l'enfant s'est mal présenté, et est venu à 7 mois, on l'a mis en couveuse à la Maternité.

Cette femme est très affaiblie, elle ne pourrait plus rien faire, pas même son ménage. Elle tousse, elle a besoin de grands soins, elle a quelqu'un près d'elle.

Elle habite au rez-de-chaussée, un logement d'un loyer de 370 francs.

M. 30.463. Extra statutaire, Saint-Ouen.

Enfants, 4 : 14, 12, 9, 3 ans

Mari : Homme de peine.

Gain : 5 francs par jour.

Observations : Accouchement rapide, fait par la sage-femme de la Mairie. Le bébé va bien. Cette femme n'est pas forte, elle a été obligée de se lever le cinquième jour sa petite fille de 3 ans a la rougeole et il faut qu'elle la soigne. Cette famille a été très éprouvée pendant les inondations. ils habitaient quai de la Seine. Obligés de partir ils ont pu enlever une partie de leur mobilier, ils ont reçu des bons de logement et de nourriture, ont pris un petit logement provisoirement de 150 francs.

Les Dames de la Croix-Rouge ont placé la fillette de 14 ans pour 2 mois.

M. 20.751. Statutaire, La Plaine-Saint-Denis.

Enfants, 3 : 16, 10 et 7 ans.

Mari : Employé aux omnibus.

Gain : 5 fr. 50 par jour.

Observations : Accouchement normal à l'hôpital Lariboisière. Loyer 260 : 2 pièces, une cuisine au 2e étage.

Intérieur malheureux. L'enfant venu à huit mois est bien vivant, la mère se remet avec peine, elle a une ulcère variqueuse.

L'aîné, 16 ans, n'habite plus avec ses parents et ne les aide pas. Les deux autres vont en classe.

M. 27.653. Statutaire, Reuilly.
Enfants, 8 : 14, 12, 11, 8, 6, 4, 3, 1 an ½.
Mari : Décédé.

Observations : Accouchement normal par sage-femme de la Mairie. Loyer, 280 francs : 2 chambres au 3e étage proprement tenues. Ce sont les religieuses du quartier qui ont payé les deux termes depuis la mort du mari mais la maison devant être démolie à la suite des inondations cette famille va être obligée de chercher un autre local. et ce sera peu facile, vu son grand nombre d'enfants et ses ressources restreintes, car elle vit des secours qu'on lui donne.

L'aînée, 14 ans, est très délicate, elle aide la mère et n'a pas encore pu travailler. Le garçon, 12 ans, est en apprentissage, les 2 fillettes, 11 et 8 ans sont internes aux jeunes Economes, rue de l'Université.

Les autres, 4 et 6 ans, vont en classe ; le nouveau-né est très fort mais la mère est très fatiguée.

Cette famille a dû être hospitalisée pendant l'inondation au Gymnase-Voltaire ; elle y était nourrie, sauf le lait de l enfant de 18 mois.

Un secours de 20 francs a été donné par la Mairie. Les secours de nourrice et de la Charité maternelle sont obtenus.

Famille nécessiteuse qui a besoin d'aide.

M. 30.364. Extra statutaire, Italie.
Enfants, 5 : 14, 13, 12, 8, 6 ans.
Mari : Cordonnier.
Gain : 5 francs par jour.

Observations : Accouchement normal par sage-femme de la Mairie. Loyer, 5 francs par semaine, 2 chambres au rez-de-chaussée. La mère semble très courageuse. L'enfant est très beau. L'aînée, 14 ans, est apprentie et gagne 1 franc, les autres vont en classe.

Les secours de couche et de la Charité maternelle sont demandés.

M. 31.947. Statutaire, Belleville.
Enfants, 4 : 6 ½, 5, 4, 3 ans.
Mari : Allumeur au gaz.
Gain : 150 francs par mois.

Observation : Accouchement normal par sage-femme de la Mairie, l'enfant assez beau, la mère va bien. J'ai trouvé son mari près d'elle.

Ces gens ne sont pas très heureux, le mari a été malade et n'avait pas de place à ce moment là.

Ils habitent un rez-de-chaussée, 230 francs de loyer, intérieur pauvre et absolument que l'indispensable.

Elle aura des mois de nourrice.

M. 25.941. Statutaire, La Chapelle.
Enfants, 4 : 9, 7 ½, 6, 2 ans.
Mari : Cordonnier.
Gain : 5 francs par jour.

Observations : Accouchement très long, fait par la sage-femme de la Mairie, le bébe va bien.

Cette femme est très fatiguée, elle fait, en temps ordinaire, tout son ménage et lavage, les enfants sont tous petits, le mari travaille chez lui pour des maisons de gros. Il parait de bonne conduite, il soigne sa femme et s'occupe du ménage.

Cette famille habite au 4e, 2 grandes chambres bien exposées, mais vieux logement, ils paient 260 francs de loyer, proprement tenu.

M. 28.754. Statutaire, Reuilly.
Enfants, 2 : 12, 10 ans.

Observations : Accouchement normal, fait par sage-femme de la Mairie, Mme Lebeault. Loyer, 210 francs, une chambre au 4e étage, bien petite pour ces cinq personnes, mais est tenue très proprement par la fillette de 12 ans qui est née de M. Lejournant et reconnue par lui. La mère vit maritalement avec M. Robin, qui a reconnu les deux enfants 10 ans et le nouveau-né.

La mère a des douleurs dans le bras droit qui est complètement inerte en ce moment, l'enfant est beau.

La Section a prêté le linge.

M. 31.860. Extra statutaire, Reuilly.

Enfants, 6 : 18, 14, 12, 8, 6, 4 ans.

Mari : Décédé.

Observations : L'accouchement a été normal par une sage-femme de la Mairie, 300 francs de loyer, 2 pièces et une cuisine, au 2e sur la cour.

L'aîné des enfants, tanneur, gagne 4 francs par jour, seules ressources actuelles de la famille.

Le père est décédé le 21 janvier, enterré le 23 ; dans la nuit du 23 au 24, ces gens ont dû abandonner leur domicile, envahi par les eaux.

Depuis, ils ont couché dans les refuges installés pour les inondés, ils ont tout perdu. Ce sont les diaconnesses de la rue de Reuilly qui leur ont donné des lits et deux petites armoires.

Les Dames de la Croix-Rouge ont envoyé linge et vêtements.

La mère a l'air d'une femme très sérieuse et bien élevée, elle voudrait que sa fille aînée, âgé de 14 ans, soit placée dans le commerce, mais elle ne connait personne pouvant s'en occuper.

M. 28.147. Statutaire, XIVe arrondissement.

Enfants, 5 : 12, 8, 6 ½, 3 ans et 15 mois.

Mari : Employé de commerce.

Gain : 5 francs par jour.

Observations : Accouchement normal, par sage-femme de la Mairie, l'enfant est superbe et la mère va assez bien Je n'ai trouvé personne près d'elle, elle me dit qu'elle ne pourrait payer une garde. Elle fait rester son garçon, de 12 ans et pense bientôt se lever car ses autres enfants, encore tous si jeunes, ont besoin de ses soins.

Le gain du mari devient insuffisant pour la famille, il faut souvent s'imposer des privations pour arriver à suffire aux besoins de chacun.

Il faut chaque jour 5 livres de pain; 3 enfants ont la cantine.

Ils occupent au 3e un logement de 300 francs, 2 pièces et une cuisine.

Intérieur très modeste et tenu proprement.

M. 25.378. Statutaire, Italie.
Enfants, 10 : 21, 19, 16, 15, 14, 10, 8, 6, 5 ans, 28 mois.
Mari : Employé de la Ville.
Gain : 5 francs par jour.

Observation : Accouchement normal, par sage-femme de la Mairie. L'enfant est beau et la mère, quoique fatiguée de tant d'enfants, va assez bien. J'ai trouvé son mari près d'elle.

Cette femme est bonne mère, elle adore ses enfants, en a bien soin, aussi ils se portent bien. Elle est très économe, elle fait tout par elle-même et si on lui donne de vieux habits, elle en tire profit pour son enfant.

Il faut, comme elle me dit, faire attention, plus que jamais, tout est maintenant si cher. Il faut chaque jour 12 livres de pain, heureusement que le mari a un travail régulier.

Ils habitent une vieille maison au rez-de-chaussée, avec cour, petit jardin, 320 francs de loyer, intérieur pauvre et assez propre.

Elle aura des mois de nourrice et la Charité maternelle.

M. 32.126. Extra statutaire, Les Bernardins.
Enfant : Le nouveau-né.
Mari : Homme de peine.
Gain : 30 francs par semaine.

Observations : Accouchement normal, mais long, à la Pitié, la mère est bien malgré un peu de faiblesse. La pauvreté est dans cet intérieur, le jeune ménage a été sinistré par les inondations. Le mari a été longtemps sans travail. La jeune femme ne peut travailler car il faut qu'elle donne beaucoup de soins à son enfant qui est venu à 7 mois et qui est bien fragile; elle ne pourra peut-être pas le faire vivre. Le loyer se composant d'une seule chambre, très peu aérée, est de 180 francs. Le ménage ne pourra rester là, ils veulent avoir plus d'air pour l'enfant. La jeune femme va tâcher de trouver plus tard de la couture chez elle. Ce sont des gens très intéressants qui ont été bien éprouvés pour le début de leur ménage.

Le mari, malgré ses efforts, ne travaille pas toujours régulièrement.

M. .. Extra statutaire, Issy-les-Moulineaux.
Enfants, 4 : 14, 11, 4, 2 ans
Mari : Journalier.
Gain : 5 francs par jour.

Observations : Famille très pauvre, n'ayant ni meubles, ni chaises, ni berceau. Cas très intéressant, car le dénuement est le plus complet et il y a 5 enfants vivants.

Il y a un lit de bois sur lequel la mère a fait ses couches, et les enfants couchent sur un lit cage prêté.

Cette famille a été sinistrée et par un étrange oubli n'a pas encore reçu de secours en mobilier. Nous venons de signaler son cas à qui de droit.

La feuille d'adhésion a été établie, le 6 mars, sur les renseignements donnés par une sage-femme qui devait revenir m'apporter les 3 francs d'inscription, et n'est pas revenue. Les jours ont passé, et une dame visiteuse d'Issy m'a déclaré l'accouchement aujourd'hui, en même temps qu la situation si misérable de cette famille.

Je vous transmets donc à la fois l'adhésion et la feuille d'accouchement.

M. 31.126. Extra statutaire, Monge.

Enfants, 5 : 12, 10, 8, 5, 3 ans.

Mari : Travaille dans les scieries.

Gain : 6 francs par jour.

Observations : L'accouchement a été normal, par une sage-femme de la Mairie. 320 francs de loyer, 2 pièces et une cuisine, au rez-de-chaussée, assez bien tenues.

La famille est nombreuse et le gain du père, petit, aussi a-t-on la plus grande peine à arriver.

M. 30.824. Extra statutaire, Charonne.

Enfants, 4 : 14, 10, 7, ans.

Mari : Encadreur.

Gain : 4 fr. 50 par jour.

Observations : Accouchement normal à Saint-Antoine. L'enfant est beau et la mère que j'ai trouvée rentrée chez elle, va très bien. Elle était occupée aux soins de son enfant.

Cette femme regrette bien de ne jamais avoir connu la Société depuis qu'elle a des enfants, que de services cela lui aurait rendu.

Ils habitent au 4e, 2 pièces mansardées, 165 francs de loyer, intérieur pauvre et tenu propre. Le mobilier se compose de l'indispensable.

Elle pourra avoir des mois de nourrice, ainsi que la Charité maternelle.

M. 23.318. Statutaire, Belleville.
Enfants, 1 : 2 ans.
Mari : Malade.

Observations : Accouchement normal par sage-femme de la Mairie. L'enfant est petit, la mère va assez bien. J'ai trouvé son mari près d'elle qui, malheureusement, ne travaille pas depuis cinq mois. A la suite d'un chaud et froid, il a eu une bronchite chronique. Il a été cinq mois à l'hôpital Saint-Joseph où il a été bien soigné; maintenant rentré chez lui, il a besoin de soins et ne peut travailler surtout de son métier qui est très dur. Il est exposé à tous les temps, il lui faudrait un emploi plus doux, ce qu'il désire. Il est impossible que sa femme puisse gagner assez pour les besoins de la maison, surtout avec ce nouveau-né qui va aller en nourrice, et dont il faudra payer les mois, au grand regret de la mère, qui a toujours élevé ses enfants. C'est le 3ᵉ et elle a beaucoup de lait.

Ils habitent au 4ᵉ, un logement bien aéré de 380 francs 2 pièces, une cuisine qu'ils ne vont pas pouvoir garder car ils ne pourront pas payer si cher. Il faudrait que le mari puisse être admis à l'Assistance, comme malade chronique.

Ces pauvres gens se trouvent dans une situation bien difficile et sont intéressants.

M. 33.061. Extra statutaire, Vincennes.
Enfants, 3 : 7, 4, 2 ans.
Mari : Employé dans la maroquinerie.
Gain : 3 fr. 50 à 4 francs par jour.

Observations : Cette famille est des plus malheureuses ; tout manque dans cette pauvre maison.

Aussi, le père, la mère et les petits, font-ils pitié.

M. 23.422. Extra statutaire, Clichy.
Enfants, 5 : 11, 9, 7, 3 ½, 2 ans.
Mari : Matelassier.
Gain : 4 francs par jour.

Observations : Accouchement normal, à Baudelocque. Loyer, 200 francs, 2 pièces trop petites pour cette grande famille, intérieur pauvre et mal tenu. Le mari est malade depuis l'inondation, l'aîné a mal aux yeux et ne peut aller en classe.

Cette famille a un secours mensuel de 10 francs de la Mairie et a reçu 28 francs comme secours de chômage.

Les Dames Françaises ont payé un terme de loyer, ont donné des vêtements aux enfants, et ont promis un peu de layette.

Cette famille habitait, 14, rue Saussure, lors de l'inondation.

M. 33.214. Extra statutaire, La Plaine.

Enfants, 5 : 14, 10, 5, 4, 18 mois.

Mari : Garçon fumiste.

Gain : 5 fr. 50 par jour.

Observations : Accouchement normal par sage-femme de la Mairie, Mme Sousse. Loyer, 140 francs : 2 chambres au rez-de-chaussée, dont une sans jour, local trop petit pour cette grande famille. L'enfant est beau, la mère se remet lentement ; quatre enfants vont en classe, mais il n'y a pas eu de cantine cette année. Le seul secours obtenu est celui de 2 livres de pain par semaine, donnés par la Mairie.

Famille nécessiteuse, du lait pour l'enfant de 18 mois serait bien utile.

L'aîné, 14 ans, est apprenti et gagne 0 fr. 75.

M. . Extra statutaire, Noisy-le-Sec.

Enfants, 5 : 14, 12, 9, 4 et 2 ans.

Mari : Charretier.

Gain : 5 francs par jour.

Observations : Mauvais local, intérieur mal entretenu et représentant la misère sous toutes les formes.

M. 30.401. Extra statutaire, Bernardins.

Enfants, 5 : 15, 13, 12, 10, 4 ans.

Mari : Télégraphiste.

Gain : 5 fr. 50 par jour.

Observations : Accouchement difficile, par sage-femme de la Mairie. La mère va assez bien, j'ai trouvé son mari près d'elle qui, en ce moment, n'a pas de travail.

Pendant les inondations, ils ont souffert, on les a forcés d'évacuer leur logement, 1 m. 50 d'eau dans le corridor. Ça montait dans les escaliers, on leur avait donné des billets de logement dans un hôtel tenu si salement qu'ils n'ont pu y coucher qu'une nuit, et pendant 8 jours ils ont loué une chambre, nourrissant la personne qui leur avait loué Ils couchaient à 7 personnes dans cette chambre sur des bottes de paille. Ils ont eu à subir le manque de travail et la dépense en plus, ce qui leur cause aujourd'hui de la gêne.

Ils habitent au 2e dans une vieille maison, 2 pièces, 320 francs de loyer, intérieur très modeste et bien tenu.

Elle va demander des mois de nourrice.

M. 32.383. Extra statutaire, Saint-Ouen.

Enfants, 5 : 11, 9, 7, 5, 3 ans.

Mari : Verrier.

Observations : Accouchement normal par sage-femme de la Mairie, M. Saroches. Loyer, 15 francs par mois, 2 chambres au rez-de-chaussée, meublées pauvrement, mais propres. Un seul enfant est en classe, les autres ne peuvent y aller, n'ayant pas de vêtements convenables, c'est la fillette de 9 ans qui aide la mère. Le nouveau-né est bien petit, la mère ayant souffert en le portant.

Le père a chômé six semaines pendant l'inondation. Les Dames Françaises ont donné 8 draps.

La Société de Saint-Vincent de Paul a donné une demi-layette et la Mairie, environ 100 francs en trois fois.

Cette famille a besoin qu'on l'aide, surtout pour que les enfants aillent à l'école.

M. 30.727. Extra statutaire, La Villette.

Enfants, 6 : 16, 14, 12, 9, 4, 2 ans.

Mari : Homme de peine.

Gain : 5 francs par jour.

Observations : Accouchement difficile suivi d'hémorragie, par sage-femme de la Mairie. L'enfant est beau et la mère va aussi bien que possible. J'ai trouvé sa fille aînée près d'elle.

Ces pauvres gens ont bien du mal à arriver avec cette nombreuse famille ; il n'y a encore que la fille qui commence à gagner, le garçon, de 14 ans, est en apprentissage les autres, trop jeunes, ont encore besoin des soins de leur mère qui paraît, du reste, en avoir bien soin.

Il faut, chaque jour, 6 à 7 livres de pain, le reste de la nourriture et l'entretien des vêtements et prélever encore un loyer de 320 francs, composé de 3 pièces, pauvrement garnies et tenues propres.

Elle a eu secours de couche et aura secours de mois de nourrice.

Elle aura ausi la Charité maternelle.

M. 30.307. Extra statutaire, Temple.
Enfants, 8 : 14, 12, 10, 8, 7, 5, 4, 2 ans.
Mari : Surveillant à la Ville.
Gain : 6 francs par jour.

Observations : Accouchement normal par sage-femme de la Mairie. L'enfant est beau et la mère va assez bien, j'ai trouvé son mari près d'elle. Ils ont bien du mal à arriver avec cette nombreuse famille et c'est heureux qu'ils n'aient pas de loyer à payer et qu'ils soient très bien logés. Il parait y avoir de l'ordre.

Cette femme est très bonne mère, elle les a tous élevés au sein.

Mais quand il faut chaque jour trouver la nourriture de 10 personnes, l'entretien des vêtements, il faut bien du calcul et bien des privations, pour donner à chacun le nécessaire. Il faut déjà chaque jour 7 à 8 livres de pain et pas un enfant ne rapporte à la maison, puisque l'aîné n'a pas encore 14 ans.

Cette femme regrette bien ne jamais avoir connu la Société. Elle va demander des mois de nourrice ainsi que la Charité maternelle.

M. 30.598. Extra statutaire, Bernardins.
Enfant, 1 : 11 mois.
Mari : A abandonné sa femme.

Observations : Elle est accouchée à Baudelocque, elle a été très malade.

Depuis qu'elle est abandonnée, elle s'est réfugiée chez sa mère. C'est la misère pour ces deux femmes, surtout en ce moment où la jeune femme ne gagne rien. Elle était allée demander à la Section des bons de lait, n'ayant pas un seul sou pour en acheter pour son bébé de 11 mois.

Elles habitent au 5ᵉ étage, une toute petite chambre mansardée, 120 francs de loyer et encore n'ayant pu payer le terme, elles craignent d'avoir congé.

Un secours lui serait bien nécessaire, car c'est la misère noire.

M. 20.689. Statutaire, XIVᵉ arrondissement.
Enfants, 8 : 18, 14, 13, 11, 9, 7, 5, 3 ans.
Mari : Cocher livreur.
Gain : 150 francs par mois et pourboires.

Observations : Loyer, 350 francs : 2 pièces et une cuisine Intérieur aussi bien tenu que possible. Accouchement normal à l'hôpital. L'aîné des enfants, un garçon, travaille avec son père et gagne autant que lui.

La plus jeune des filles est actuellement à l'hôpital où elle vient de subir l'opération de l'appendicite.

Famille très convenable, enfants bien tenus.

M. 26.937. Statutaire.

Enfants, 4 : 7 ans ½, 6, 3, 2 ans.

Mari : Charretier.

Gain : 5 francs par jour.

Observations : Accouchement normal par sage-femme de la Mairie. La mère va assez bien et l'enfant est beau. J'ai trouvé une femme qui la soigne.

Ils habitent au 2e étage, 270 francs de loyer, 2 pièces tenues proprement, intérieur très modeste.

Elle aura la layette des sœurs, ainsi que des mois de nourrice.

M. 30.768. Extra statutaire, Ménilmontant.

Enfant : Nouveau-né.

Mari : Homme de peine.

Gain : 5 francs par jour.

Observations : Accouchement très difficile, par sage-femme. L'enfant petit, a besoin de grands soins, il est venu au monde, presque étouffé, la sage-femme a tout fait pour le ramener à la vie, la mère a souffert trop longtemps, elle va bien doucement.

Ces gens ne sont pas heureux en ce moment ; la femme, obligée de quitter son travail un mois avant et le mari pendant ce temps, fait ses 28 jours.

Ils habitent au 2e, 2 pièces, 260 francs de loyer. Intérieur très modeste et tenu propre.

M. 30.283. Extra statutaire, Clichy.

Enfants, 4 : 7, 6, 3 ½ et 15 mois.

Mari : Employé au gaz.

Gain : 7 francs par jour.

Observations : Accouchement normal par sage-femme Mme Martin. Loyer, 280 francs, 2 petites pièces au rez-de-chaussée et une autre au sous-sol, qui a été inondée ;

La batterie de cuisine, le buffet, les chaises et une petite voiture d'enfant sont perdus. La Mairie a donné 36 francs d'indemnité et Mme Mauroy a donné de la layette.

Cette famille est très éprouvée en ce moment par la maladie. L'aînée, 7 ans, a donné la rougeole aux 3 derniers et celui de 15 mois est en danger avec une broncho-pneumonie, les deux autres, avec la rougeole et angine, ne sont plus transportables à l'hôpital.

La dernière est très bel enfant, la mère, très inquiète, se remet avec peine.

Cette famille a besoin d'aide présentement.

A recommander à la Section qu'elle s'occupe de lui avoir un secours plus important comme sinistrée.

M. 4.133. Statutaire, Belleville.

Enfants, 4 : 7, 6, 4 ans et 15 mois.

Mari : Terrassier.

Gain : 5 francs par jour.

Observations : Accouchement normal, à Saint-Louis, l'enfant est fort, la mère que j'ai trouvé rentrée chez elle va très bien. Avec leur nombreuse famille, ils arrivent difficilement, surtout que le mari chôme quelquefois, heureux encore que la femme soit bien économe. Elle est bonne mère, elle a soin de ses enfants.

Ne pouvant dépasser le prix du loyer qu'ils ont, ils sont obligés de se loger dans 2 petites pièces, ce qui devient malsain pour les enfants, ils ont 200 francs de loyer, intérieur très modeste et tenu propre.

Elle touche 20 francs de mois de nourrice et elle a la Charité maternelle.

M. 20.242. Statutaire, La Plaine-Saint-Denis.

Enfants, 6 : 12, 10, 9, 8, 5, 3 ans.

Mari : Ajusteur.

Gain : 170 francs par mois.

Observations : Accouchement long, fait par sage-femme de la Mairie, Mme Henant. Loyer, 270 francs : 3 pièces au rez-de-chaussée, intérieur très pauvre, tenu par la fillette de 12 ans, restée pour garder les petits frères, quatre enfants vont en classe.

La Mairie a donné un secours de couche de 6 francs et donne six pains par mois.

Cet intérieur semble très nécessiteux.

M. 25.410. Statutaire, Asnières.
Enfants, 6 : 11 ½, 10, 8, 6 ½, 3½, 2 ½.
Mari : Employé.
Gain : 6 francs par jour.

Observations : Accouchement normal, fait par la sage-femme de la Mairie. Le bébé va bien, l'état de la mère est bon. Elle a dû se sauver de chez elle pendant les inondations, avec sa famille et n'a pu rien emporter; elle a eu de la literie abîmée, perdue, on lui a remplacé son sommier et un lit d'enfant. Elle habite 1 pavillon de 300 francs de loyer.

M. 32.076. Extra statutaire, Les Bernardins.
Enfant, 1 : 6 ans.
Mari : Homme de peine.
Gain : 3 fr, 50 quand il travaille.

Observations : Accouchement difficile, accouchée faible, mais l'enfant est beau. Intérieur propre, impression favorable. Cette femme est concierge, sa loge est bien malsaine. Elle aura beaucoup de peine à se remettre dans un logement aussi insalubre.

M. 33.087. Extra statutaire, Reuilly.
Enfants, 8 : 22, 17, 13, 11, 9, 7, 5, 2 ans.
Mari : Ebéniste.
Gain : 5 francs par jour.

Observations : 280 francs de loyer, deux pièces et une cuisine au quatrième étage, sur le passage. Accouchement normal.

Cette femme est depuis longtemps incapable de travailler. La fille de 17 ans est actuellement sans travail; seul le père gagne un peu.

La fille aînée est mariée, et par conséquent ne peut venir en aide à ses parents.

L'intérieur est bien tenu, mais la misère est grande.

M. 30.273. Extra statutaire, Clignancourt.
Enfants, 6 : 19, 17, 13, 8, 7, 2 ans.
Mari : Homme de peine.
Gain : 5 francs par jour.

Observations : Accouchement normal par sage-femme de la Mairie. J'ai trouvé cette femme levée, mais elle est sans forces et a très mauvaise mine. Elle est soignée par sa fille de 19 ans, prête à accoucher elle-même. Ces gens payent 250 francs de loyer; le logement est grand et clair, mais il est d'une malpropreté repoussante.

Le père et le fils de 17 ans gagnent à eux deux 7 fr. 50 par jour. La mère ne peut rien gagner, elle a assez à faire pour élever sa famille.

Je crois que la misère règne chez ces gens-là.

L'enfant est frais et bien portant.

M. 27.858. Statutaire, Italie.

Enfants, 5 : 18, 13, 11, 8, 6 ans.

Mari : Ebéniste.

Gain : 5 francs par jour.

Observations : Accouchement normal par Mme Attord, sage-femme de la Mairie. Loyer 240 francs, deux chambres au rez-de-chaussée sans jour et avec très peu d'air, local insuffisant pour cette grande famille.

L'aîné, 18 ans, est ébéniste, mais n'ayant pas de travail, est dans la briquette et gagne 2 francs.

C'est la fillette, 13 ans, qui soigne l'intérieur et la mère, restée très faible d'une bronchite qui l'a tenue au lit un mois avant sa couche.

Les enfants vont en classe, et tous donnent de la satisfaction aux parents.

Les secours de nourrice et de la Charité Maternelle sont demandés.

Famille intéressante.

M. 32.183. Extra statutaire, La Gare.

Enfants, 6 : 10, 9, 7, 6, 4, 2 ans.

Mari : Débardeur.

Gain : 5 francs en moyenne.

Observations : Accouchement normal par sage-femme de la Mairie, Mme Ducrot. Loyer 220 francs, deux grandes chambres pauvrement meublées, mais propres, 4 enfants vont en classe, 3 garçons ont la cantine. L'enfant est beau, la mère se remet lentement. On a demandé le secours de couche et de la Charité Maternelle, et la mère attend la layette de la Charité Maternelle, n'en ayant pas. Il y a un terme en retard, le mari a chômé lors des inondations et a obtenu 15 francs de la Mairie.

La Section a prêté quatre draps.

Famille ayant besoin d'aide vu le grand nombre d'enfants dont l'aîné n'a que 10 ans.

M. 30.295. Extra statutaire, Bernardins.
Enfant, 1 : 14 mois.
Mari : Menuisier.
Gain : 5 francs par jour.

Observations : Accouchement normal par sage-femme de la Mairie. Loyer 300 francs, deux petites chambres au quatrième étage, mais est actuellement chez sa belle-mère, qui est la providence des deux ménages de ses fils, dont l'aîné est malade de la poitrine. Cette famille très unie, paraît très intéressante, elle aurait besoin d'aide à cause du malade.

L'enfant est petite. La mère se remet bien.

M. 29.833. Extra statutaire, La Villette.
Enfants, 5 : 11, 8, 5, 3, 2 ans ½.
Mari : Cimentier.
Gain : 5 fr. 50 par jour.

Observations : Accouchement normal, très long, fait par sage-femme de la Mairie ; elle est fatiguée, c'est son neuvième enfant. Le mari a été blessé il y a quinze jours et ne reçoit que la moitié de sa paye. Cette famille me paraît malheureuse, ils habitent une chambre au premier étage, 4 fr. 25 par semaine.

M. 30.400. Extra statutaire, Bernardins.
Enfant, 1 : nouveau-né.
Mari : Aide-maçon.
Gain : 5 francs par jour.

Observations : Accouchement normal chez Mme Waust, envoyée par La Pitié. Loyer 150 francs, une chambre au quatrième étage, est actuellement chez sa mère. L'enfant est bien vivante. La mère âgée de 16 ans, se remet bien. Ce jeune ménage (le père 19 ans) paraît très gêné.

M. 30.160. Extra statutaire, Italie.
Enfants, 6 : 12, 10, 9, 7, 5, 2 ans.
Mari : Charretier.
Gain : 5 francs par jour.

Observations : Accouchement normal par sage-femme de la Mairie. Enfant assez beau, la mère va aussi bien que possible. J'ai trouvé une femme près d'elle.

Ces gens ne peuvent être bien heureux avec cette nombreuse famille; il faut bien des privations pour arriver à donner à chacun les besoins nécessaires; aussi la mère regrette bien n'avoir jamais connu la Société qui lui aurait rendu des services à chaque enfant. Ils habitent un rez-de-chaussée, 240 francs de loyer, intérieur très propre et pauvrement meublé.

Ils ont bien de la peine à payer le terme et obtiennent assez souvent un petit secours pour ce moment.

Cette femme paraît bonne mère; on voit qu'elle s'occupe de ses enfants, ils sont tenus aussi propres que possible.

M. . Extra statutaire, Saint-Maur.

Enfants, 5 : 13, 12, 8, 5, 3 ans.

Mari : Garçon maçon.

Gain : 5 francs par jour.

Observations : Famille très malheureuse et intéressante. L'intérieur est tenu aussi proprement qu'il peut l'être, vu son exiguité. La femme est toujours malade, le gain du mari insuffisant; c'est ce qui produit la misère, mais elle n'a pour cause ni le désordre ni le vice.

M. 31.459. Extra statutaire, Bagnolet.

Enfants, 5 : 18, 17, 7 ½, 5, 3 ans.

Vit maritalement.

Le père : 5 francs par jour.

Observations : Accouchement normal fait par la sage-femme de la Mairie. Le bébé va bien.

Cette femme n'est pas mariée, mais elle va le faire. Le père des enfants gagne 5 francs; le fils aîné est toujours malade; le second gagne 3 francs.

Cette femme va bien, mais me paraît dans la misère.

Elle habite au premier un logement de 200 francs.

M. 30.793. Extra-statutaire. Reuilly.

Enfants, 3 : 10, 5 ans, 31 mois.

Mari : Déménageur.

Gain : 7 fr. 50 quand il travaille.

Observations : Bon accouchement à Saint-Antoine. Elle se sent trop faible, s'étant levée trop tôt, ne pouvant avoir personne pour se soigner. Le mari ne travaille pas régulièrement. Ces pauvres gens sont à l'hôtel où ils payent 5 fr. 50 par semaine; une seule chambre où ils couchent tous et le dernier né sur une malle. Ils voudraient bien pouvoir se mettre chez eux, mais il faudrait les aider pour le premier terme, toujours payable d'avance. Ils ont leurs lits à eux, comme mobilier.

Ces gens sont éprouvés dans le petit garçon de 10 ans qu'elle a eu avant son mariage et pas de son mari. Cet enfant est, paraît-il, brutal et méchant et a le vice du vol; ils ont déjà eu des ennuis de ce côté. Il frappe à coups de pieds ses petites sœurs, ainsi que sa mère, quand elle le réprimande. Ils sont désolés, et elle demande si on ne connaîtrait pas une maison où le mettre jusqu'à sa majorité.

M. 23,111. Extra statutaire, Charonne.

Enfants, 4 : 15, 13, 12, 10 ans.

Mari : Ebéniste.

Gain : 5 francs par jour.

Observations : Accouchement difficile à Tenon. Rentrée chez elle au bout de 10 jours, elle a dû retourner à l'hôpital pour une phlébite. Elle y est donc restée du 7 mars au 1er mai. Je l'ai trouvée rentrée chez elle, elle paraît bien faible et a besoin de bons soins.

Ils habitent au premier, 240 francs de loyer, intérieur modeste et tenu propre.

M. 29.588. Statutaire, Italie.

Enfants, 5 : 12 ½, 11, 8 ½, 7 ans, 21 mois.

Mari : Homme de peine.

Gain : 4 fr. 50 par jour.

Observations : 200 francs de loyer, 2 pièces au premier, sur la cour; intérieur très pauvre mais bien tenu ; la grand'mère baignait les deux jeunes enfants. Cette femme a beaucoup souffert pendant cette grossesse, elle ne se croyait pas enceinte, mais atteinte d'une maladie dans le ventre.

Elle est très affaiblie par les privations de toutes sortes.

Cependant, elle me fait l'effet d'une femme sérieuse et sachant bien mener son ménage.

M. 30.594. Extra statutaire, Bernardins.

Enfants, 2 : 6, 3 ans.

Mari : Imprimeur.

Gain : 5 à 6 francs par jour.

Observations : Accouchement long et pénible par une

sage-femme de l'hôpital de La Pitié, suivi de curtage et d'accidents du côté des seins. Cette femme est très faible et elle souffre encore beaucoup.

Paie 190 francs de loyer, une seule chambre au quatrième, sur la rue.

Intérieur très modeste mais assez bien tenu.

Elle me semble très pauvre, elle a demandé à la Section un berceau et de la layette.

N'a pas obtenu la Charité Maternelle, n'étant pas mariée.

Elle paraît disposée à régulariser sa situation; je l'y ai fortement engagée pour ses enfants.

M. 32.841. Extra statutaire, Charonne.
Enfants, 7 : 12, 9, 8, 7, 6, 4 ans, 22 mois.
Mari : Garçon livreur.
Gain : 150 francs par mois.

Observations : Bon accouchement par sage-femme du Bureau. Elle se remet tout doucement. Cette femme a eu 12 enfants dont 4 sont morts. Elle est bien fatiguée.

Le loyer est de 230 francs, trois pièces propres et bien tenues. C'est la petite fille de 9 ans qui était occupée à faire le ménage. On voit que la mère est une bonne ménagère, elle a beaucoup à faire et à compter pour tenir propre et nourrir toute cette famille. Le mari travaille régulièrement, mais il faut vivre avec économie pour que le gain suffise à tout.

Famille digne d'intérêt.

M. 32.405. Extra statutaire, Clichy.
Enfants, 3 : 10, 3 ans, 18 mois.
Mari : (Vit maritalement).

Observations : Accouchement normal par sage-femme de la Mairie, Mme Schneider; l'enfant est beau, la mère se remet bien. Cette femme vit maritalement avec le père qui a reconnu les trois derniers enfants. Cette mère n'est recommandable que par les soins qu'elle donne à la fillette de 3 ans qui, par suite d'une fièvre typhoïde est restée infirme des jambes, ce qui nécessite de grands soins qui sont coûteux. Les parents ne veulent pas se séparer de cette enfant.

M. 23.517. Statutaire, Unité.

Enfants, 9 : 16, 14, 13, 12, 9, 7, 5, 3 ans, 18 mois.

Mari : Mécanicien.

Gain : 6 francs par jour.

Observations. — Accouchement normal par une sage-femme de la Mairie. Le bébé est très beau, la mère est menacée de phlébite. Elle en a déjà eu à une précédente couche. 380 francs de loyer, deux grandes pièces, une petite et une cuisine.

Intérieur très simple, mais bien tenu. L'aîné des enfants est placé dans une maison où il gagne 30 francs par mois et nourri, la fille aînée est en apprentissage.

Actuellement trois des enfants sont chez la Générale Sée.

Famille d'ouvriers très unie et très intéressante.

M. 31.601. Extra statutaire, Reuilly.

Enfants, 5 : 11, 9, 7, 5, 2 ans.

Mari : Ebéniste.

Gain : 5 francs par jour.

Observations : Accouchement normal par une sage-femme de la Mairie. Loyer 150 francs, deux pièces au deuxième sur la cour. Intérieur assez bien tenu. Beaucoup de peine à arriver avec une si nombreuse famille, le gain du père étant très minime.

La mère ne peut pas travailler et l'aîné des enfants n'a que 11 ans.

Malgré cela, tout le monde est bien portant. Les enfants sont bien tenus et vont très régulièrement à l'école.

M. 25.955. Statutaire, Monge.

Enfants, 4 : 10, 7, 4, 3 ans ½.

Mari : Homme de peine.

Gain : 5 francs par jour.

Observations : 260 francs de loyer, au deuxième, sur la cour. Deux petites pièces pauvrement meublées et très mal tenues. Cette femme n'avait près d'elle pour la soigner qu'une petite fille de 10 ans, très courageuse et qui s'occupe bien de ses frères et sœurs.

Cette enfant est infirme, déviation de la colonne vertébrale, elle se fatigue très vite, mais la mère dit qu'elle donne tout ce qu'elle peut.

Ces gens me paraissent très malheureux.

Accouchement normal par une sage-femme de la Mairie.

M. 32.670. Extra statutaire, La Villette.

Enfant, 1 : 3 ans.

Père : Cordonnier.

Gain : 5 francs par jour.

Observations : Accouchement normal par sage-femme de la Mairie, l'enfant est beau et la mère va assez bien. Je n'ai trouvé personne près d'elle, ne pouvant payer une garde. Elle prendra du travail chez elle pour pouvoir élever son enfant ; elle paraît bien malheureuse et ne pourra avoir les 0 fr. 75 de secours, n'étant pas mariée.

Elle avait 200 francs de loyer pour une petite pièce. Elle va en prendre une encore plus petite pour ne plus avoir que 150 francs, et encore elle aura assez de difficulté à payer, car elle ne peut compter que sur elle et n'a pas toujours du travail régulièrement.

M. 23.559. Statutaire, Maisons-Alfort.

Enfants : 7 filles.

Mari : Journalier.

Gain : 5 francs par jour.

M. 27.968. Statutaire, Bagnolet.

Enfants, 5 : 10, 7, 6, 4 ans, 18 mois.

Mari : Infirme d'une main.

Gain : 0 fr. 90 par jour.

Observations : Accouchement normal à Tenon, l'enfant est beau et la mère que j'ai trouvée chez elle va très bien. Pendant qu'elle était à l'hôpital les enfants étaient au dépôt.

Ils ne sont pas heureux, le mari ne pouvant guère travailler. La femme fait bien ce qu'elle peut, mais a beaucoup à faire pour les soins de ses enfants et du ménage, de plus elle a aussi de la morte-saison dans son travail.

Ils habitent la campagne pour avoir moins de loyer et afin que les enfants respirent le bon air, ils sont, du reste, bien portants.

Elle a touché un secours de 10 francs à sa sortie de l'hôpital.

Elle a l'intention d'adresser une demande de mois de nourrice à l'avenue Victoria.

Ils habitent au premier, 180 francs de loyer, intérieur propre où il n'existe que l'indispensable.

M. 21.524. Statutaire, Italie.

Enfants, 3 : 6, 4, 2 ans ½.

Mari : Charretier.

Observations : L'accouchement a été fait par une sage-femme de la Mairie. 240 francs de loyer, deux pièces, intérieur très pauvre, mais assez bien tenu. Grande misère.

La femme était déjà occupée à nettoyer dans un intérieur, car sa belle-mère, qui est souffrante, ne peut l''aider en rien. Elle est bien méritante et très courageuse.

M. 29.765. Extra statutaire, Grenelle.

Enfants, 3 : 13, 9, 5 ans.

Mari : Journalier.

Gain : 3 francs par jour.

Observations : Accouchement normal, cependant cette femme souffre beaucoup. Elle a subi une grande opération et a conservé une assez sérieuse blessure au ventre.

Ces gens ont été inondés, la Mairie leur a donné un lit et les Dames de la Croix-Rouge un autre.

Ils habitent dans une cabane construite à même la terre, 160 francs de loyer.

Intérieur assez bien tenu, mais bien misérable.

M. . Extra statutaire, Ivry.

Enfants, 5 : 11 ½, 9, 8, 3 ans ½, 18 mois.

Mari : Déménageur.

Gain : 4 francs par jour.

Observations : Cette accouchée a été inscrite par les Dames de la Croix-Rouge, elle n'a pas été sinistrée, mais comme elle était intéressante par son nombre d'enfants (5) nous lui avons versé l'indemnité d'extra statutaire, plus la prime d'allaitement, mais nous n'avons pas pu la classer parmi les sinistrées.

Logement assez bien tenu, mais le mari gagnant 4 fr. par jour, la situation est intéressante et difficile.

M. 26.690. Statutaire, Hôtel-de-Ville.

Enfants, 4 : 8, 5, 4, 2 ans.

Mari : Boucheur à l'émery.

Gain : 5 francs par jour.

Observations : Accouchement normal par sage-femme de la Mairie ; l'enfant est beau et la mère va aussi bien que possible.

J'ai trouvé son mari près d'elle.

Ils habitent au troisième étage deux petites pièces, 340 francs de loyer.

Intérieur modeste et tenu d'une grande propreté.

Elle va demander des mois de nourrice.

Elle aura la layette des sœurs.

M. 32.003. Extra statutaire, Clignancourt.
Enfants, 7 : 22, 18, 16, 11, 9, 5, 2 ans.
Mari : Marchand de quatre-saisons.
Gain : 5 francs par jour.

Observations : Accouchement très prompt, fait par une sage-femme de la Mairie. Le bébé est tout petit, il n'est pas venu à terme. La mère attribue cet accident à la grande fatigue, elle pousse une voiture et travaille autant que son mari. La fille aînée est mariée, celle de 16 ans est toujours malade, restée petite et ne peut travailler, elle rend quelques services à sa mère. Le garçon de 18 ans travaille et gagne 1 fr. 75.

Cette femme me paraît bonne mère, travailleuse, les enfants bien élevés.

Elle a eu le linge prêté par la Section.

Elle habite au deuxième un petit logement propre, 185 francs de loyer, pas de soleil, mais aéré.

M. 4.276. Extra Statutaire, Rueil.
Enfants, 4 : 14, 12, 8, 4 ans ½.
Mari : Ouvrier aux phonographes.
Gain : 4 fr. 50 par jour.

Observations : Couches très difficiles, mère très fatiguée et pas bien. Enfant très chétif ayant à peine de vie.

Ouvriers laborieux mais pas heureux. Intérieur pauvre, mais propre.

M. 32.015. Extra Statutaire, Bernardins.
Enfants, 7 : 25, 24, 17, 16, 14, 10, 5 ans.
Mari : Mécanicien.
Gain : 6 francs par jour.

Observations : Accouchement normal par sage-femme de la Mairie. L'enfant est petit et la mère va bien doucement, elle a mal aux jambes, causé par des varices.

Ces gens ne sont pas heureux, attendu que le mari est malade depuis une année, et ne peut faire son métier. Il perd des journées, il fait des corvées quand il en trouve.

Ils avaient le fils aîné qui les aidait beaucoup, mais il est soldat. Ils n'ont qu'un garçon qui rapporte 30 francs par mois. C'est à se demander comment ils font, puisqu'ils disent qu'ils n'ont pas de secours. La femme ne peut nourrir au sein ; des bons de lait lui rendraient service. Ils habitent au troisième, 250 francs de loyer. intérieur très modeste et bien tenu.

De la layette lui serait bien utile. Elle ne connaissait pas la Charité Maternelle.

M. 29.919. Extra Statutaire, Charonne.
Enfants, 6.
Mari : Employé de bureau.
Gain : 150 francs par mois.

Observations : Accouchement normal par sage-femme de la Mairie. L'enfant est beau et la mère va aussi bien que possible. J'ai trouvé une femme près d'elle.

Cette femme me dit qu'ils ont bien de la peine à arriver pour suffir à tous les besoins de la famille et prélever un loyer de 300 francs, 2 pièces et petite cuisine dans une vieille maison, au 4e étage.

Intérieur très modeste, très propre ; on voit que cette femme est bonne mère, les enfants sont bien tenus et leurs vêtements bien raccommodés.

Elle va demander des mois de nourrice ; elle a la Charité maternelle.

M. 31.872. Extra Statutaire, La Chapelle.
Enfants, 6 : 15, 14, 11, 9, 5, 2 ans.
Mari : Allumeur de gaz.
Gain : 5 francs par jour.

Observations : Accouchement normal par sage-femme de la Mairie, Madame Frément. Loyer : 300 francs ; 2 pièces au rez-de-chaussée, tenues proprement, mais trop petites pour cette nombreuse famille; mais elle ne peut pas trouver de local ailleurs et demande, sans résultat, logement dans une maison économique. Le local actuel étant très humide, le propriétaire leur a donné comme dernier délai le terme d'octobre.

L'aînée des filles est giletière, et le garçon, 14 ans, petit groom ; ils gagnent chacun 1 fr. par jour, ce qui leur suffit à peine, mais aide cependant la famille. Les autres vont en classe et trois ont la cantine. Les secours de nourrice et de la Charité maternelle sont demandés, mais pas reçus.

Famille intéressante.

M. 4.224. Statutaire, Rueil.

Enfant, 1 : 2 ans.

Mari : Chiffonnier.

Gain : 5 francs par jour.

Observations : La mère et l'enfant vont bien. La mère est le type parfait de la superbe nourrice. Famille très serviable, ils partagent le peu qu'ils gagnent avec de plus malheureux.

Ont tout perdu à l'inondation.

Nous avons rendu un peu de mobilier et je suis en instance pour leur trouver du linge et une armoire.

M. 32.478. Extra Statutaire, Charonne.

Enfants, 7 : 20, 17, 10, 8, 6, 3, 2 ans.

Mari : Peintre en bâtiments.

Gain : 6 francs par jour.

Observations : Accouchement normal par sage-femme de la Mairie, Madame Beluze. Loyer : 300 francs ; trois chambres au premier, simples et propres ; des lits seulement composent le mobilier, mais tout est proprement tenu par la jeune sœur de l'accouchée.

L'aîné, 20 ans, n'est plus avec ses parents ; seul celui de 17 ans gagne 2 francs dans la fourrure et les donne à ses parents. Quatre enfants vont en classe et ont la cantine depuis le mois de mai.

Les secours de nourrice et de la Charité maternelle sont demandés.

L'enfant est très petite, venue à 8 mois, mais prend bien le sein.

Famille intéressante.

M. 31.467. Extra statutaire, Courbevoie.

Enfants, 5 : 16 ½, 14 ½, 12 ½, 7 ½, 5 ans ½.

Mari : Journalier.

Gain : 5 francs par jour.

Observations : Accouchement très bon, pas long, fait par la sage-femme de la Mairie, le bébé va bien. Cette femme a été fatiguée pendant sa grossesse ; elle avait subi une opération l'année d'avant, elle a sa sœur près d'elle.

Cette famille a été très éprouvée pendant l'inondation ; ils habitaient au rez-de-chaussée et ont été obligés de partir de chez eux pendant onze jours. Ils sont allés chez une sœur de la femme, ils ont perdu une partie de leur mobilier abimé et n'ont encore rien reçu comme indemnité.

Ils habitent une maison avec deux chambres au premier, ils paient 150 francs de loyer, diminués un peu, faisant l'office de concierge.

Le fils aîné gagne 1 franc et celui de 14 ans, 0 fr. 50.

M. 29.851. Statutaire. La Villette.

Enfant : Le nouveau-né.

Mari : Emailleur (soldat).

Gain : 5 francs par jour.

Observations : Accouchement normal par sage-femme de la Mairie; l'enfant est beau et la mère va bien doucement. Elle habite chez sa mère qui travaille dans la journée; elle n'a personne pour la soigner et il lui serait impossible de payer une garde n'ayant que son travail pour ressources, attendu qu'elle n'a jamais pu obtenir les 0 fr. 75, malgré bien des démarches qui lui ont fait perdre du temps. Aussi elle est très anémiée par suite des privations qu'elle a dû s'imposer. Elle vient de faire une demande de secours à la Mairie, on lui a envoyé un docteur ; elle se demande si cela aboutira à quelque chose.

Elle habitait chez elle, mais pour payer son loyer de 160 francs, elle vendait ses meubles. Aujourd'hui n'ayant plus rien, elle est chez sa mère, attendu que son travail n'est pas régulier.

M. 26.376. Statutaire, Belleville.

Enfants, 6 : 12, 9, 8, 5, 3, 2 ans.

Mari : Polisseur.

Gain : 6 francs par jour.

Observations : Accouchement normal par sage-femme de la Mairie ; l'enfant est beau et la mère va aussi bien que possible. J'ai trouvé sa sœur près d'elle, qui la soigne ainsi que le mari, qui est alité, pris de douleurs, ce qui met la gêne dans le ménage. Ils arrivent déjà assez difficilement avec cette famille ; le mari, quand il n'est pas malade, travaille régulièrement.

Il faut chaque jour six à sept livres de pain, le reste de la nourriture, l'entretien des vêtements. Ils arrivent bien difficilement à payer le loyer qui est de 330 francs ; trois pièces, une cuisine, intérieur très modeste et tenu assez propre. elle aura des mois de nourrice ainsi que la Charité Maternelle.

M. 32.394. Extra statutaire, Charonne.
Enfants, 5 : 11, 9, 7, 4 ½, 3 ans ½.
Mari : Homme de peine.
Gain : 5 francs par jour.

Observations : Accouchement normal à Saint-Antoine, l'enfant est nourri avec du lait. Faute de surveillance, il est survenu un abcès à cette pauvre petite, on a dû l'opérer et elle souffre énormément.

240 francs de loyer, intérieur très misérable et horriblement sale.

Famille très malheureuse, la mère paraissant sans ordre et le gain du père très minime pour huit personnes.

M. 24.896. Extra statutaire, La Gare.
Enfants, 5 : 15, 12, 9, 7, 3 ans.
Mari : Aide-cimentier.
Gain : 5 francs par jour.

Observations : Accouchement normal par sage-femme de la Mairie. Loyer 260 francs, deux chambres au rez-de-chaussée, intérieur malheureux, tenu par la jeune fille de 15 ans, qui est malade et couverte de glandes. Elle ne peut être admise à Berck cette année, vu son âge, elle est soignée aux Enfants Malades.

L'enfant de trois ans se meurt d'une broncho-pneumonie ; on n'a pas pu le garder à l'hôpital, son état étant désespéré.

Trois enfants vont en classe et y ont la cantine, le nouveau-né est beau, la mère très faible.

Le père, aide-cimentier, a chômé quinze jours et a perdu ses outils dans l'inondation, il n'a rien pu obtenir de la Mairie.

Cette famille a besoin d'aide en ce moment, les secours de la Charité Maternelle et de couche ont été demandés.

M. 30.728. Extra statutaire, La Villette.
Enfants, 4 : 11, 8, 4 ans, 26 mois.
Mari : Garçon maçon.
Gain : 5 francs par jour.

Observations : Accouchement normal par sage-femme de la Mairie, l'enfant petit, mais très bien venu, la mère va assez bien. J'ai trouvé la mère près d'elle.

Ces pauvres gens ne sont pas heureux avec cette famille ; le gain du mari devient insuffisant et encore dans l'hiver que de jours de chômage. Il n'en faut pas moins donner le nécessaire aux enfants, il faut chaque jour cinq à six livres de pain, ils ont très rarement des secours de la Mairie.

Ils habitent une espèce de sous-sol qui parait même humide, 4 francs la semaine, intérieur très pauvre et assez propre.

Elle aura des mois de nourrice ainsi que la Charité Maternelle.

M. . Extra statutaire, Choisy-le-Roi.

Enfants, 7 : 16, 14, 10, 9, 7, 5, 2 ans.

Mari : Faïencier.

Gain : 6 francs par jour.

Observations : Famille très misérable en raison du nombre d'enfants et des vieux parents. Gens honnêtes et courageux. Qu'y aurait-il à faire pour leur venir en aide ?

M. 28.049. Statutaire, Ivry.

Enfants, 3 : 7 ½, 5 ans, 14 mois.

Mari : Homme de peine.

Gain : 5 francs par jour.

Observations : Cette famille se trouve dans le plus grand besoin, habite avec ses quatre enfants une maisonnette en planches et ont leur mère à leur charge.

Ce ménage n'a pas été sinistré, mais sa situation est intéressante.

M. . Extra Statutaire, Ivry.

Enfants, 2 : 6 ans, 16 mois.

Mari : Chauffeur.

Gain : 5 fr. 50 par jour.

Observations : Personne sinistrée vraiment digne d'intérêt. A perdu tout son mobilier, demande que la Mutualité lui vienne en aide, si possible, n'ayant pas de lit pour coucher ses enfants.

Un secours serait bien placé.

M. 31.468. Extra Statutaire, Courbevoie.
Enfant nouveau-né.
Mari : Manœuvre.
Gain : 5 francs par jour.

Observations : Accouchement très long, fait par une sage-femme.

Le bébé va bien. Cette femme est très malade, le médecin qui la soigne n'a pas voulu qu'elle nourrisse son enfant ; elle a une maladie de cœur, elle a eu pendant sa grossesse deux crises d'appendicite, une congestion pulmonaire, de plus elle a passé l'inondation et a été obligée de partir de chez elle, ce qui a beaucoup contribué à aggraver son état.

Le mari aussi a eu une congestion pulmonaire. Cette femme a quelqu'un près d'elle. Elle habite au deuxième, une chambre, une cuisine, 175 francs de loyer.

M. 24.513. Statutaire, Levallois-Perret.
Enfants, 7 : 22, 21, 19, 12, 10, 5, 3 ans.
Mari : Décédé.

Observations : Accouchement normal fait à Beaujon ; le bébé va bien. Cette femme est très fatiguée, c'est son douzième enfant ; elle souffre beaucoup des jambes par les varices ; elle est restée en tout 36 jours à l'hôpital. Ses enfants ont été placés à la Société l'Abri de l'Enfance; ils sont tous rentrés et la mère fatigue beaucoup. Le fils aîné est parti, le second est sans travail depuis quelque temps. La fille de 19 ans est placée domestique, elle gagne 30 francs et nourrie.

Cette femme est dans une grande misère, elle arrive à peine à payer son loyer.

Elle habite au deuxième, deux chambres : 360 francs de loyer.

M. 31.117. Extra Statutaire, Issy.
Enfants, 6 : 11 ½, 10 ½, 9 ½, 7 ½, 6, 2 ans ½.
Mari : Boulanger.
Gain : 7 francs par jour.

Observations : Famille très intéressante et très nombreuse, 7 enfants vivants. Le dernier accouchement a été double et un seul jumeau a survécu.

M. 21.169. Statutaire.

Un enfant nouveau-né.

Vit maritalement.

Observations : Accouchement normal par sage-femme. L'accouchée vit maritalement avec le père, lequel étant déjà marié ne peut pas divorcer, ce qui l'empêche de reconnaître l'enfant et de régulariser sa position. L'enfant venue à 8 mois est petite, mais bien vivante ; la mère est très faible.

M. 30,951. Extra statutaire, Choisy-le-Roi.

Enfants, 4 : 21, 20, 18, 4 ans.

Mari : Garçon de magasin.

Gain : 5 francs par jour.

Observations : Loyer 320 fr. Ménage très propre. A été dans une situation plus élevée. Originaires de Bretagne, à la suite d'une grève ils sont venus échouer ici. Les trois aînés sont d'un premier mariage. Enfants toujours malades. La mère a de l'albumine. Le premier mari est mort de la poitrine à 26 ans. Les trois enfants du premier lit sont poitrinaires.

J'espère faire entrer la fille aînée, 22 ans, à Villepinte. La seconde fille a perdu quatre doigts de la main gauche (brûlée étant enfant). Le fils a le caractère aigri par la maladie et maltraite sa mère. La fille aînée, mise complètement au lit par le docteur Gagnière, a recommencé à travailler pour aider sa famille (gain : 2 francs par jour). Le mari, pensant avoir moins de frais de déplacement, avait quitté sa situation de garçon de magasin à Paris, pour travailler sur place dans une usine (Gain : 4 ou 5 francs par jour) ; par suite des inondations, il a chômé.

Le dernier né vient d'avoir la congestion. Famille très digne et intéressante.

Famille honorable, mise en retard de son loyer par le chômage pendant les inondations. Les 3 aînés sont poitrinaires et ne fournissent qu'un travail intermittent. — Que pourrait-on en faire ?

M. 32.062. Extra statutaire, Louvre.

Enfant, 1 : 6 ans ½.

Mari : Garçon de restaurant.

Gain : 5 francs par jour.

Observations : Accouchement normal par sage-femme de la Mairie. L'enfant est superbe et la mère va assez bien.

C'est une religieuse qui la soigne, car cette femme n'est pas bien heureuse et par pitié une personne de la maison est allée demander la religieuse.

Le mari gagne peu et pas régulièrement et la femme a eu une mauvaise grossesse ; elle a dû renoncer au travail.

Ils habitent dans une vieille maison au 5e, une mansarde ne pouvant contenir que la literie. La cuisine se fait sur le palier qui est très petit ; 150 francs de loyer. C'est à se demander comment ils peuvent habiter là, manquant d'air.

Intérieur malheureux.

M. 4.794. Statutaire, Sèvres.

Enfants, 6 : 20, 17, 16, 12, 6, 5 ans.

Mari : Peintre en bâtiments.

Gain : 6 francs par jour.

Observations : Brave ménage d'ouvriers, les enfants sont bien élevés, chacun travaille selon son âge. La mère s'occupe de tout son monde. Ce nouveau-né est le 12e enfant. Cette femme a perdu cinq bébés et a fait 2 fausses couches. 7 enfants vivants.

M. 27.644. Statutaire, Saint-Denis-Nord.

Enfants, 6 : 12, 10, 10, 7, 5 ans, 17 mois.

Mari : Couvreur.

Gain : 6 francs par jour.

Observations : Accouchement prompt fait tout seul, le mari était tout seul à la maison, la sage-femme n'arrivait pas. Le bébé va bien, la mère aussi.

Cette femme a beaucoup de fatigue avec toute sa famille. Ils habitent un pavillon sur un terrain qu'ils louent 120 francs par an. La maison est très bien exposée, mais mal tenue.

M. 20.855. Extra statutaire, La Villette.

Enfants, 4 : 10, 8, 5, 3 ans.

Mari : Homme de peine.

Gain : 4 fr. 50 par jour.

Observations : Accouchement normal par sage-femme de la Mairie, enfant assez fort, la mère va assez bien. Je l'ai trouvée aux soins du ménage. Cette femme paraît bonne mère, ses enfants sont bien soignés ; elle fait tout son possible pour élever sa petite famille. Le gain du mari devient insuffisant pour la famille qui augmente, il ne faudrait jamais que le mari chôme, mais cet hiver il a été malade.

Elle aura des mois de nourrice ainsi que la Charité Maternelle.

Ils habitent au cinquième, 270 francs de loyer. Intérieur très modeste et tenu bien propre.

M. . Extra statutaire, Ivry.

Enfants, 2 : 16, 13 ans.

Mari : Maçon.

Gain : 6 francs par jour.

Observations : Cette personne parait recommandable. S'il y a encore un berceau de disponible, prière de le garder. L'enfant couche sur deux chaises.

Ils ont été sinistrés, famille intéressante.

M. 30.823. Extra statutaire, Charonne.

Enfants, 7 : 16 ½, 14 ½, 12, 9 ½, 7 ½, 5 ans, 18 mois.

Mari : Peintre en bâtiments.

Gain : 7 fr. 50 par jour.

Observations : Accouchement normal fait par la sage-femme de la Mairie, le bébé a mal aux yeux, et on doit le conduire à l'hôpital. Cette femme est d'une grande faiblesse, elle s'est trouvée mal plusieurs fois en accouchant. Elle en est à son neuvième enfant, elle est épuisée, ne pouvant pas se donner le nécessaire. La fille aînée travaille et gagne 1 fr. 75, mais cette jeune fille est tellement anémiée, qu'elle a des hémorragies tous les mois, elle doit partir pour un mois à la campagne. La seconde a la maladie des os, elle est en apprentissage et gagne 0 fr. 75 par jour.

Ces gens me paraissent très malheureux, le mari manque souvent de travail. Ils habitent au cinquième deux pauvres chambres sous les toits éclairées par des lucarnes, on respire un air malsain et rien d'étonnant que cette famille soit dans cet état d'affaiblissement. J'ai conseillé à cette femme de changer de logement pour avoir plus d'air.

Ils paient 200 francs de loyer, il y a 12 ans qu'ils habitent ce logement.

M. 27.376. Statutaire, Saint-Denis-Nord.
Enfants, 4 : 13, 10, 7 ans, 18 mois.
Mari : Maçon.
Gain : 5 francs par jour.

Observations : Accouchement long et pénible, fait par la sage-femme de la Mairie. Le bébé va bien. Cette femme est fatiguée, elle a travaillé jusqu'au dernier jour. Elle aurait besoin de rester au lit, mais ce n'est pas facile, le mari est sans travail depuis quelques jours ; ils ne doivent pas être heureux.

Ils habitent au premier, deux chambres, loyer 170 fr.

M. 30.893. Extra statutaire, Clichy.
Enfants, 5 : 12, 11, 8, 6, 2 ans.
Mari : Verrier.
Gain : 160 francs par mois.

Observations : Accouchement normal par Mme Baraton, sage-femme de la Mairie. Loyer 240 francs, trois pièces au premier, petites mais tenues proprement par l'enfant de 11 ans. Celui de 12 ans soigne les deux derniers qui ont la coqueluche.

Cette famille a dû quitter son domicile pendant l'inondation, le mari a chômé 15 jours.

La Mairie a donné 25 francs plus la nourriture de toute la famille.

M. 226. Statutaire, Reuilly.
Enfants, 5 : 10, 8, 5, 4, 2 ans.
Mari : Aide-maçon.
Gain : 5 francs par jour.

Observations : Accouchement difficile par sage-femme de la Mairie, l'enfant est assez fort et la mère va bien doucement. J'ai trouvé son mari près d'elle, qui n'a pas de travail depuis quelque temps par suite de l'inondation, ce qui cause de la misère dans cet intérieur déjà assez malheureux sans cela, avec une nombreuse famille. Ils doivent s'imposer bien des privations, car il faut déjà chaque jour cinq à six livres de pain.

Ils habitent un rez-de-chaussée, une pièce dans une espèce de cabane où il n'y a absolument que l'indispensable, 260 francs de loyer. Intérieur très malheureux.

Elle va demander les mois de nourrice, elle aura la Charité Maternelle.

M. 32.073. Extra statutaire, Charonne.
Enfants, 4 : 11, 7, 5 ans, 19 mois.
Mari : Sculpteur.
Gain : 5 francs par jour.

Observations. — Accouchement normal à Saint-Antoine, l'enfant est beau et la mère que j'ai vue chez elle va assez bien. Je l'ai trouvée aux occupations du ménage, mais elle est d'une santé qui laisse généralement à désirer.

Ils habitent au deuxième étage, deux pièces, 300 francs de loyer, intérieur pauvre, absolument que l'indispensable, mais c'est assez propre.

M. 24 089. Statutaire, Le Bourget.
Enfants, 4 : 12, 11, 5, 3 ans.
Mari : Bijoutier.
Gain : 6 francs par jour.

Observations : Accouchée à la Clinique Tarnier, par un Docteur. 220 francs de loyer. Logement : un sous-sol, une pièce au-dessus. Les enfants ont tous bonne mine ; mais le logement est exigü, n'ayant qu'une pièce pour coucher sept personnes.

Nous avons reçu la cotisation de 1910 qui n'était pas payée.

M. 26.488. Statutaire, Chaussée-du-Maine.
Enfants, 6 : 11, 9, 8, 6, 3, 2 ans.
Mari : Employé de commerce.
Gain : 5 francs par jour.

Observations : Accouchement normal par sage-femme de la Mairie, Mme Pescha. Loyer 160 francs, trois chambres dans une maison économique, où ils ont été reçus la veille du terme, n'ayant pas pu trouver de local ailleurs. Ce loyer est trop fort pour le gain du mari, mais on espère avoir un logement moins élevé dans cette même maison.

L'enfant est beau ; la mère se remet lentement, ayant des varices. Trois enfants vont en classe et y ont la cantine ; une religieuse de l'Assomption soigne les petits enfants.

Les secours de couche et de nourrice ont été demandés ; celui de la Charité Maternelle est obtenue.

Cette nombreuse famille a besoin d'aide, le père gagnant peu.

M. 32.642. Extra statutaire, Saint-Denis-Nord.
Enfants, 2 : 3, 2 ans.
Mari : Mégissier.
Gain : 5 francs par jour.

Observations : Accouchement très pénible avec curtage et opération à l'hôpital de Saint-Denis. L'enfant vient bien, mais la mère est très mal, elle a voulu quitter l'hôpital poun rentrer chez elle où elle manque de soins et d'hygiène.

Les deux aînés sont chez la belle-mère qui a, elle-même neuf enfants. Cet intérieur est très triste, le mari était allé chez les religieuses pour obtenir une garde.

J'ai remis les deux premiers versements plus le secours de sinistré (en tout 20 francs).

J'ai porté le troisième versement à Mme Picou (5 fr.), en lui disant combien cette famille avait besoin d'aide. On avait déjà envoyé le médecin de la Mutualité à cette malheureuse.

C'est la concierge très obligeante qui m'a donné les renseignements ci-dessus, la mère ne pouvant pas parler tant elle est faible.

M. 24.585. Statutaire, Puteaux.
Enfants, 6 : 15, 11, 9, 7, 4, 2 ans.
Mari : Garçon blanchisseur.
Gain : 6 francs par jour.

Observations : Accouchement normal fait par la sage-femme de la Mairie, le bébé va bien.

Cette femme est très fatiguée, c'est son huitième enfant. Le dernier mois de sa grossesse elle ne pouvait plus marcher, et il va falloir qu'elle reste au lit pendant quelque temps pour ses jambes ; elle avait des varices.

Sa fille aînée gagne 1 fr. 50 ; elle est restée près de sa mère pour la soigner et s'occuper des petits.

Ils habitent au rez-de-chaussée deux grandes chambres propres. Loyer, 200 francs.

M. 31.453. Extra statutaire, La Plaine Saint-Denis.
Enfants, 4 : 9, 5, 4, 2 ans
Mari : Homme de journée.
Gain : 5 francs par jour.

Observations : Accouchement normal par sage-femme de la Mairie. Loyer 260 francs, deux chambres au premier étage, tenues très proprement.

Les enfants sont très propres, le bébé est très beau, la mère se remet bien et semble très courageuse.

Cette famille n'a aucun secours en banlieue ; elle est très intéressante.

M. 31.507. Extra statutaire, Monge.
Enfants, 5 : 16, 9, 7, 3, 2 ans.
Mari : Porteur aux Halles.
Gain : 5 francs par jour.

Observations : Accouchement normal par sage-femme de la Mairie. L'enfant est assez beau et la mère va aussi bien que possible.

J'ai trouvé son mari auprès d'elle, qui la soigne à son retour des Halles, car elle ne pouvait payer une garde. Le mari n'a pas un gain régulier, c'est selon les saisons. Il ne pourrait faire autre chose, attendu qu'il est très sourd. La femme ne peut rien gagner ; elle a bien à faire avec ses enfants.

Ils habitent au quatrième étage dans une vieille maison où rien n'existe pour l'hygiène, une seule grande pièce ; 210 francs de loyer, intérieur pauvre.

Elle va demander des mois de nourrice. Elle aura la Charité Maternelle.

M. 25.270. Statutaire, Alfortville.
Enfants, 7 : 15, 13, 11, 9, 7, 4, 2 ans.
Mari : Garçon de magasin.
Gain : 5 francs par jour.
Observations : Famille très intéressante.

M. 28.051. Statutaire, Chaussée-du-Maine.
Enfants, 6 : 16, 15, 12, 6, 2 ans ½, 15 mois.
Mari : Parqueteur.
Gain : 6 à 7 francs par jour.

Observations : Accouchement normal par sage-femme de la Mairie. L'enfant est beau et la mère va aussi bien que possible.

J'ai trouvé une femme près d'elle.

Ces gens ne sont pas heureux avec cette nombreuse famille, surtout que depuis cet hiver ils ont été éprouvés par les maladies. La fille de 15 ans a été malade. Le fils de 16 ans, opéré de l'appendicite, ne travaille plus depuis deux mois. Tout cela vient mettre de la gêne dans le ménage. Il faut chaque jour huit livres de pain, le reste de la nourriture, l'entretien des vêtements et prélever un loyer de 300 francs pour deux grandes pièces et cuisine.

Intérieur très modeste et tenu propre.

Elle aura des mois de nourrice ainsi que la Charité Maternelle.

M. 29.218. Statutaire, Belleville.

Enfants, 7 : 16, 12, 10, 8, 6, 3, 2 ans.

Mari : Terrassier.

Gain : 5 francs par jour.

Observations : Accouchement normal par sage-femme de la Mairie. Enfant assez fort, la mère va aussi bien qu'il est possible. J'ai trouvé son mari près d'elle, qui en ce moment, à cause du mauvais temps, chôme depuis trois jours, ce qui arrive souvent dans l'hiver, à son grand regret, car avec cette famille le manque de travail amène bientôt la misère. Il n'en faut pas moins le pain de chaque jour, qui est de sept à huit livres, et la mère ne peut rien gagner. Elle a beaucoup à faire dans son intérieur, le garçon de 16 ans est en apprentissage.

Ils habitent un rez-de-chaussée, 310 francs de loyer, qu'ils ont bien de la peine à payer. A chaque terme, ils obtiennent un petit secours de la Mairie.

Elle va toucher 15 francs de mois de nourrice, et elle a eu la layette de la Charité Maternelle.

M. 26.443. Statutaire, Ivry.

Enfants, 6 : 13, 11, 9, 5, 4 ans, 21 mois.

Mari : Electricien.

Gain : 8 fr. 50 par jour.

Observations : Logement se composant de deux chambres à coucher, salle à manger et cuisine, du prix annuel de 500 francs.

Cette famille a été sinistrée au rez-de-chaussée et a tout perdu.

La mère est accouchée à la Clinique Baudelocque. Une dame charitable s'était chargée d'abriter la famille en attendant qu'elle puisse rentrer chez elle.

Cette famille est intéressante par le nombre d'enfants en bas-âge et n'a que le gain du père pour subvenir à cette charge.

M. 13.724. Extra statutaire, Rueil.
Enfants, 4 : 5, 4, 3, 1 an.
Mari : Journalier.
Gain : 5 francs par jour.

Observations : Très travailleur, intérieur très misérable. L'enfant est délicat.

M. . Extra statutaire, Choisy-le-Roi.
Enfant : Nouveau-né.
Mari : Frotteur.
Gain : 5 francs en moyenne.

Observations : La pauvre femme est revenue de Tarnier depuis quinze jours; mais par suite d'un refroidissement elle a été très malade d'une pneumonie compliquée d'abcès aux seins qu'on a dû opérer.

A depuis de l'entérite, des rhumatismes; en un mot, ne se remet pas

A recommander à la Section.

M. 25.065. Statutaire, Belleville.
Enfants, 4 : 14, 10, 6 ½, 2 ans ½
Mari : Ne travaille pas.
Gain : 30 francs de l'Assistance.

Observations : Accouchement normal à Tenon. L'enfant est assez beau et la mère, que j'ai trouvée rentrée chez elle, va très bien. Ces gens sont malheureux, car il n'y a que la femme qui travaille pour élever ses enfants, le mari est du Bureau, étant dans l'impossibilité de travailler.

Elle gagne, mais c'est irrégulier ; étant chez elle, elle peut soigner ses enfants et son ménage.

Ils ne reçoivent d'autres secours que le gain du mari, quand il travaille.

Ils habitent au deuxième étage une grande pièce, 200 francs de loyer, intérieur malheureux, mais tenu bien propre. Les enfants sont tenus également propres et leurs vêtements bien raccommodés.

Elle aura des mois de nourrice, ainsi que la Charité Maternelle.

M. 27.089. Statutaire, Charonne.
Enfants, 6 : 13, 11, 9, 6, 4, 2 ans.
Mari : Camionneur.
Gain : 5 fr. 50 par jour.

Observations : Accouchement normal par Mme Fontenel, sage-femme de la Mairie. Loyer, 400 francs, trois pièces au troisième étage, dans une maison économique, tenue très proprement.

L'enfant vient bien, quoique petite. La mère se remet lentement, elle a des varices.

L'aîné, 13 ans, va entrer en apprentissage. Le père a été blessé dans son travail, il n'a que la demi-solde, ce qui a mis cette famille dans la gêne. Mme Corpet, présidente de la Section de Charonne, a été très bonne pour ce ménage, qui dit n'avoir comme secours que 15 francs par trimestre pour le loyer. La grand'-mère n'a pas l'âge pour l'assistance.

Aura les secours de nourrice et de la Charité Maternelle.

M. 32.276. Extra statutaire, Charenton-le-Pont.

Enfants, 4 : 7, 4, 3, 2 ans

Mari : Cocher-livreur.

Gain : 5 francs par jour.

Observations : Accouchement normal par sage-femme de la Mairie. L'enfant est beau et la mère va maintenant très bien. Ils ont bien du mal à arriver avec quatre enfants et leur mère de 70 ans, complètement à charge, ne touche absolument rien de l'Assistance.

Ils habitent au deuxième, 350 francs de loyer, trois pièces bien modestement meublées et tenues très propres. De la Mairie de Charenton, un bon de pain de trois livres et 0 fr. 50 de viande toutes les semaines.

M. 31.705. Extra statutaire, Grenelle.

Enfants, 6 : 20, 12, 9, 8, 4, 2 ans.

Mari : Garçon cimentier.

Gain : 6 francs par jour.

Observations : Accouchement normal par sage-femme de la Mairie, Mademoiselle Léglise. Loyer : 250 francs, deux chambres au premier, très pauvres.

La mère est faible, l'enfant est bien ; les autres vont en classe et y ont la cantine. Celui de 4 ans est tombé sur une vitre et a du verre dans l'œil : on l'avait mené à l'hôpital, ce qui inquiétait beaucoup la mère. L'aînée, 20 ans, est mariée, et ne peut plus aider ses parents, mais elle a un bon mari.

Le père, ayant chômé longtemps à cause de la grève, cette famille n'a pas pu payer son loyer ; elle a congé depuis le 17 courant, et avec tant d'enfants la mère ne sait où aller.

Un peu d'aide en ce moment serait nécessaire et quelques vêtements ou coupons pour les enfants.

Les secours de couches et de nourrice sont demandés, ainsi que la Charité Maternelle.

Cette famille habitait rue de la Croix-Nivert, lors de l'inondation ; elle a eu un secours de 25 francs.

M. 33.444. Extra statutaire, Courbevoie.

Enfants, 5 : 15, 12, 10, 8, 2 ans.

Mari : Peintre en voitures.

Gain : 5 francs par jour.

Observations : Accouchement long, fait par une sage-femme de la Mairie. Le bébé était mort depuis quelques jours ; cette femme avait eu une forte impression quelques jours auparavant ; elle a quelqu'un près d'elle.

Le garçon aîné est à la campagne.

Ces gens me paraissent très malheureux ; ils sont arrivés depuis peu de temps de la campagne, ils habitent en hôtel meublé, ils paient 17 fr. 50 la quinzaine.

M. 29.895. Statutaire, Reuilly.

Enfant : Le nouveau-né.

Mari : Marchand de quatre-saisons.

Gain : 2 fr. 50 par jour.

Observations : Bon accouchement, chez sage-femme de l'hôpital Saint-Antoine. Le bébé vient bien.

Loyer : 175 francs, composé d'une seule pièce, mal aérée et humide. Le mari est atteint d'une maladie de cœur, et il est souvent obligé de s'arrêter dans son travail.

La jeune femme a mal aux yeux, causé par l'humidité de son logement.

Ces gens sont en somme dans la misère.

M. 30.839. Extra statutaire, Ménilmontant.

Enfants, 6 : 15, 14, 9, 4, 3, 1 an.

Mari : Papetier.

Gain : 7 francs par jour.

Observations : Accouchement normal par sage-femme de la mairie. L'enfant est petit, mais bien portant ; la mère va aussi bien que possible.

Elle a une religieuse qui vient la soigner.

J'ai trouvé sa fille de 14 ans près d'elle ; celle de 15 ans est malade, elle est chez des parents qui, pour le moment, en prennent soin. Ces gens ne sont pas heureux avec cette famille et jusqu'alors ils n'avaient rien demandé à personne, mais la famille s'agrandissant encore, cela devient difficile. Elle va demander des mois de nourrice et elle aura la Charité Maternelle.

Cette femme parait bonne mère et tous ses enfants sont bien beaux.

Ils habitent au deuxième, deux pièces, 290 francs de loyer ; intérieur pauvre et bien tenu.

M. 30.774. Extra statutaire, Belleville.

Enfants, 5 : 10, 8, 6, 4, 2 ans.

Mari : Ouvrier cordonnier.

Gain : 4 francs par jour.

Observations : Accouchement normal par sage-femme de la Mairie. L'enfant est beau et la mère va doucement, car elle a été obligée de se lever au bout de quatre jours, n'ayant personne pour la soigner et ses autres enfants ayant besoin de leur mère.

Ces pauvres gens sont malheureux ; quand la femme travaille, ils arrivent encore, mais depuis sa grossesse et son accouchement, c'est la misère. Elle regrette bien n'avoir jamais connu notre Société ; elle a reçu secours de couches de 15 francs, elle touchera des mois de nourrice, elle aura la Charité Maternelle, mais en attendant tout cela il faut vivre de privations ; il faut chaque jour 8 livres de pain, c'est presque toute leur nourriture, ne pouvant guère ajouter le reste. Un peu plus tard, dans quelques mois, elle mettra l'enfant à la crèche et reprendra du travail, sans quoi ils ne pourraient payer le terme, ce qui va arriver cette fois-ci. Elle se demande comment elle va faire, ayant 75 francs à donner et pas un sou pour cela à la maison.

Ils habitent au deuxième, un logement de 300 francs de loyer. Intérieur pauvre, absolument que l'indispensable.

Famille intéressante.

M. 30.994. Extra Statutaire, Saint-Denis Nord.

Enfants, 4 : 9 ½, 5 ½, 4 ½, 2 ans.

Mari : Manœuvre.

Gain : 5 francs par jour.

Observations : Accouchement normal, mais laborieux, fait par la sage-femme de la Mairie. Le bébé est beau ;

cette femme a eu une hémorragie et le second bébé a été asphyxié par le sang. Cette femme est très faible ; elle souffre dans le côté et va faire venir le médecin.

Les enfants paraissent bien élevés. La mère paraît bonne ménagère. Elle habite au premier, deux chambres, 15 francs par mois.

M. 31.701. Extra statutaire, Hôtel de Ville.

Enfants, 4 : 7, 5 ans ½, deux de 14 mois.

Mari : Aide maçon.

Gain : 5 francs par jour.

Observations : Accouchement normal par sage-femme de la Mairie. L'enfant est petit et la mère va bien doucement ; elle a eu, à la suite, une forte hémorragie ; elle est fatiguée d'avoir des enfants si près. Ça lui fait trois en nourrice ; elle paie 60 francs pour tous les trois ; il faut bien qu'elle travaille, car l'hiver il arrive que le mari chôme, alors ce serait la misère.

Cette femme paraît bonne, c'est à son grand regret qu'elle se sépare de ses enfants. Ils habitent au 5ᵉ étage, une seule grande pièce, 200 francs de loyer. Intérieur très modeste et tenu propre.

Elle va demander des mois de nourrice. Elle n'a pas connu la Charité Maternelle.

M. 24.144. Statutaire, Puteaux.

Enfants, 5 : 15 ½, 11, 9, 6, 2 ans ½.

Mari : Manœuvre.

Gain : 6 francs par jour.

Observations : Accouchement normal, long, fait par la sage-femme de la Mairie. Le bébé va bien. Cette femme est fatiguée. Tous ses enfants sont petits, bien tenus, mais délicats ; le garçon de 15 ans ½ travaille et gagne 1 fr. 75.

Ils habitent au premier, un logement de 160 francs.

M. 20.470. Statutaire, Nanterre.

Enfants, 10 : 20, 18, 16, 14, 12 ½, 11, 9, 7 ½, 3 ans ½, 15 mois.

Mari : Terrassier.

Gain : 5 francs par jour.

Observations : Accouchement normal. L'enfant est beau, proprement tenu. La santé de la mère est bonne.

M. 80.980. Extra statutaire, La Plaine-Saint-Denis.
Enfants, 6 : 12, 10, 8, 6, 4, 2 ans.
Mari : Charretier.
Gain : 5 francs par jour.

Observations : Accouchement normal à la Maternité. Loyer, 220 francs ; deux chambres au rez-de-chaussée, dont une sans jour et sans air. Ce local est trop petit pour cette grande famille. L'intérieur est pauvre, mais les enfants sont proprement tenus et ont bonne santé ; l'enfant nouveau-née est belle, la mère est très fatiguée, elle a de la lymphangite.

Le secours de nourrice est demandé, mais la commune n'a pas la Charité Maternelle ni la Cantine gratuite pour les enfants. Les cinq aînés vont en classe.

Le père aime bien sa famille qui est d'ailleurs très intéressante.

M. 24.018. Statutaire, Italie.
Enfants, 6 : 11, 8, 6, 5, 3, 1 an.
Mari : Peintre.
Gain : 6 francs par jour.

Observations : Accouchement normal par sage-femme de la Mairie. L'enfant est beau et la mère va très bien ; je l'ai trouvée aux soins du ménage.

Cette pauvre femme est bien méritante, elle fait tout son possible pour arriver, étant une femme ordonnée et économe.

Les enfants sont bien élevés et tenus bien proprement, on voit que c'est une bonne mère et femme de ménage.

Ils habitent un rez-de-chaussée, bien aéré, au fond d'une grande cour. 250 francs de loyer, intérieur pauvrement meublé, mais tenu d'une grande propreté.

Elle aura des mois de nourrice ainsi que la Charité Maternelle.

M. 30.802. Extra statutaire, Saint-Denis-Nord.
Enfants, 4 : 9, 7 ½, 5 ½, 2 ans.
Mari : Manœuvre.
Gain : 5 fr. 50 par jour.

Observations : Accouchement normal, long, fait par la sage-femme de la Mairie ; les bébés vont bien. Cette femme va à peu près ; son mari a pris froid ces jours-ci et a été obligé de faire venir le médecin ; il ne travaille pas en ce moment.

Ils habitent au rez-de-chaussée un logement de 200 francs.

M. 27.923. Statutaire, Saint-Denis-Nord.
Enfants, 3 : 8, 3 ½, 2 ans ½.
Mari : Au Gaz.
Gain : 5 fr. 20 par jour.

Observations : Accouchement normal, long, fait par la sage-femme de la Mairie ; le bébé va bien.

Cette femme paraît fatiguée ; elle a été malade pendant toute sa grossesse. Elle a déjà perdu deux enfants de la méningite : un qui avait 19 mois et l'autre 11 mois. Elle était debout le cinquième jour pour s'occuper de ses enfants.

Elle habite un rez-de-chaussée, deux chambres propres, mais qui se trouvent en contre-bas et qui sont humides ; ils paient 230 francs de loyer.

M. 22.040. Statutaire, Clignancourt.
Enfants, 5 : 8 ½, 7, 5, 3, 2 ans.
Mari : Typographe.

Observations : Accouchement normal fait par la sage-femme de la Mairie ; le bébé va bien. Cette femme est bien fatiguée. Tous ses enfants sont petits. Elle a quelqu'un près d'elle pour la soigner. Cette femme a eu le linge prêté par la Section.

Elle habite au deuxième étage une chambre et une cuisine bien aérées ; pas grand logement : 280 francs de loyer.

M. 30.644. Extra statutaire, Levallois-Perret.
Enfants, 7 : 16 ½, 15, 11, 9 ½, 8, 6 ½, 3 ans.
Mari : Cantonnier.
Gain : 5 francs par jour.

Observations : Accouchement normal fait par la sage-femme de la Mairie ; le bébé va bien quoique tout petit, il est venu un peu avant terme. Cette femme est fatiguée ; elle travaillait à l'usine Gellé, mais ne peut plus travailler.

Elle habite au premier un logement de 240 francs de loyer.

M. 31.098. Extra statutaire, Clignancourt.
Enfants, 4 : 10, 6 ½, 4 ½, 2 ans ½.
Mari : Garçon échaffaudeur.
Gain : 5 francs par jour.

Observations : Accouchement normal, mais long, fait par la sage-femme de la Mairie ; le bébé va bien.

Cette femme a beaucoup souffert dans les derniers temps de sa grossesse ; il va lui falloir du repos ; elle a élevé sa sœur depuis l'âge de cinq ans.

Cette femme me paraît soigneuse et propre ; elle a du linge prêté par la Section.

Elle habite au rez-de-chaussée : une chambre, un cabinet, une cuisine. 225 francs de loyer.

Ce logement est petit, le cabinet dans lequel couche ses enfants est sans air et sans jour. Cette femme dit que les matelas sont mouillés ; elle a eu beaucoup de mal à trouver un logement ; nulle part on ne veut des nombreuses familles.

M. 30.992. Extra statutaire, Point-du-Jour.

Enfants, 3 : 5, 4, 3 ans.

Mari : Terrassier.

Gain : 5 francs par jour.

Observations : Accouchement long par sage-femme de la Mairie, Mme Charbon. Loyer, 180 francs ; deux chambres au premier étage bien pauvrement meublées, mais propres. L'enfant est beau ; la mère se remet lentement ; les trois aînés ont eu la rougeole et ont été soignés à l'hôpital d'Aubervilliers.

Cette famille est nécessiteuse.

M. 30.317. Extra statutaire, Louvre.

Observations : Accouchement normal à La Pitié. L'enfant est beau et la mère que j'ai trouvée rentrée chez elle, va assez bien ; elle était occupée aux soins de son enfant. Cette femme paraît bonne mère, les autres enfants sont tenus bien propres.

En ce moment, le mari est sans travail ; elle espère que cela ne va pas durer.

Ils habitent au cinquième étage, ils occupent deux petites pièces. 230 francs de loyer. Intérieur pauvre, absolument que l'indispensable, mais c'est tenu d'une grande propreté.

Elle regrette bien ne jamais avoir connu la Société.

M. 24.881. Statutaire, Kremlin-Bicêtre.

Enfants, 6 : 11, 9, 7, 5, 3 ans ½, 14 mois.

Mari : Cantonnier aux tramways.

Gain : 5 fr. 50 par jour.

Observations : Accouchement normal par sage-femme de la Mairie, Mme Margotin. Loyer, 200 francs, trois pièces au rez-de-chaussée, avec jardinet. Intérieur très simple, mais propre ; la mère paraît très active, les enfants vont en classe et sont en bonne santé, le père est attentif pour sa grande famille, qui semble intéressante. La mère se remet bien, mais est fatiguée ; elle est obligée de s'aider du biberon pour l'allaitement.

M. 24.515. Statutaire, Kremlin-Bicêtre.

Enfants, 6 : 16, 11, 9, 7, 5, 3 ans.

Mari : Employé au gaz.

Gain : 5 francs par jour.

Observations : Accouchement laborieux, par sage-femme de la Mairie, Madame Landos, avec docteur Morin, l'enfant se présentant très mal, et la mère ne pouvant plus être transportée dans un hôpital.

Loyer : 150 francs, pour deux pièces au rez-de-chaussée et un terrain. Intérieur malpropre et mal meublé. L'enfant est belle, la mère se remet lentement. 3 enfants vont en classe. L'aînée, 16 ans, aide ses parents, elle travaille au marché.

M. . Extra statutaire. La Chapelle, La Goutte-d'Or.

Enfant : Le nouveau-né.

Mari : Décédé.

Observations : L'accouchement a été normal, à Beaujon. Le bébé est assez beau. Cette femme nous a été recommandée par Madame Alias, directrice de l'Allaitement Maternel, où elle a passé 3 mois. Elle a perdu son mari 9 mois après son mariage.

Il était atteint de phtisie galopante ; le docteur avait dit qu'il n'avait plus que quelques jours à vivre ; il a entendu, et le lendemain matin il a éloigné sa femme sous un prétexte quelconque et s'est jeté par la fenêtre pour venir tomber aux pieds de la malheureuse, enceinte de 6 mois.

Elle est restée sans ressources, mais elle a été recueillie chez Madame Bequet de Vienne.

En ce moment, elle est en convalescence à l'Aide Maternelle.

Je demande qu'elle soit acceptée comme extra statutaire.

Paie 200 francs de loyer ; élèvera son enfant. C'est une charmante jeune femme, fort bien élevée et très travailleuse

---

M. 31.342. Extra statutaire, Ménilmontant.
Enfants, 9 : 22, 18, 15, 13, 11, 9, 7, 4 ans ½, 22 mois.
Mari : Homme de peine.
Gain : 5 francs par jour.

Observations : Accouchement normal par sage-femme de la Mairie. L'enfant est beau et la mère va bien ; j'ai trouvé son mari près d'elle. Ces gens ne peuvent être heureux avec cette nombreuse famille, pas encore en âge de rapporter à la maison. Il faut nécessairement se priver pour arriver à donner à peu près les besoins de chacun ; il faut environ 8 livres de pain, ce qui consiste de beaucoup dans la nourriture.

Ils ont 308 francs de loyer ; au terme, ils obtiennent un secours de 10 francs.

Elle a eu un secours de 15 francs, secours de couches, et elle espère avoir 15 francs de mois de nourrice.

Elle aura la Charité Maternelle.

Ils habitent au deuxième, deux pièces assez grandes et tenues propres.

M. 32.814. Extra statutaire, Courbevoie.
Enfants, 3 : 11, 9, 6 ans.
Mari : Blanchisseur.
Gain : 5 francs par jour.

Observations : Accouchement long, fait par une sage-femme de la Mairie ; le bébé va bien.

Cette femme est très fatiguée ; cette famille habitait Colombes pendant les inondations, ils ont été très malheureux. Cette femme me dit qu'elle n'a rien reçu.

Ils habitent au troisième, un logement à l'hôtel, 5 francs par semaine.

M. 26.038. Statutaire, Clignancourt.
Enfants : 4.
Mari : Malade.

Observations : Bon accouchement, mais a une phlébite et ne sait quand elle pourra se lever. L'enfant vient bien. Son mari ayant été atteint de folie, est resté incapable de travailler ; elle l'a à sa charge, ainsi que ses enfants. C'est dur pour elle, elle a dû vendre ce qu'elle avait de bien pour se faire un peu d'argent.

L'intérieur est assez propre, mais plutôt misérable.

M. 4.361. Statutaire, Belleville.
Enants, 7 : 13, 12, 10, 8, 6, 3 ½, 2 ans.
Mari : Serrurier.
Gain : 5 francs par jour.

Observations : Accouchement normal par sage-femme de la Mairie; l'enfant est beau et la mère va très bien. J'ai trouvé sa fille aînée près d'elle.

Ils ont bien du mal à arriver avec cette nombreuse famille ; il faut déjà chaque jour 7 à 8 livres de pain et le reste de la nourriture, l'entretien des vêtements. Les enfants sont tenus propres ; la mère s'occupe beaucoup de ses enfants et elle les élève bien.

Ils habitent un rez-de-chaussée beaucoup trop petit en raison du nombre, deux petites pièces et petite cuisine. 270 francs de loyer, mais à cause de leur famille, ils trouvent difficilement à se loger.

Elle aura des mois de nourrice ainsi que la Charité Maternelle.

M. 22.260. Statutaire, Italie.
Enfants, 2 : 8, 5 ans.
Mari : Chiffonnier.
Gain : 4 francs par jour.

Observations : Accouchement normal par sage-femme de la Mairie. Loyer, 4 francs par semaine pour une chambre tenue très proprement au rez-de-chaussée et un hangar pour les chiffons.

L'enfant est magnifique, la mère se remet bien, les deux aînés vont en classe. Famille intéressante et ordonnée.

M. 23.256. Statutaire, Nanterre.
Enfants, 5 : 13 ½, 10, 7 ½, 4 ½, 3 ans.
Mari : Journalier.
Gain : 5 francs par jour.

Observations : Accouchement normal. L'enfant est beau, proprement tenu. La santé de la mère est bonne.

M. 29.789. Extra statutaire, Grenelle.
Enfants, 2 : 2, 4 ans.
Mari : Ebéniste.
Gain : 5 francs par jour.

Observations : Accouchement difficile à la Maternité. Elle a été envoyée quinze jours en convalescence à Fontenay-aux-Roses. L'enfant est petit mais paraît bien venant ; la mère que j'ai trouvée rentrée chez elle, va assez bien maintenant.

Ils habitent au premier étage une pièce assez grande et cuisine. 200 francs de loyer. Intérieur très modeste, absolument que l'indispensable et tenu d'une grande propreté.

M. 31.707. Extra statutaire, Belleville.

Enfants, 3 : 6, 4, 1 an.

Mari : Sans travail, malade.

Observations : Accouchement normal à Beaujon. L'enfant est petit, mais paraît bien portant, la mère va assez bien, je l'ai trouvée rentrée chez elle.

Le mari, en ce moment, est assez gravement malade et n'a pas travaillé depuis les inondations, son patron ayant été lui-même sinistré. Ils n'ont encore reçu comme secours que 30 francs ; ils avaient été hospitalisés pendant un moment par les Dames de France à Saint-Maur.

Leurs deux aînés ont même été envoyés à la campagne par ces mêmes dames.

Ils ont été obligés de quitter leur domicile et d'abandonner leur mobilier qu'ils n'ont plus retrouvé en rentrant. Les cambrioleurs se sont emparé de ce qu'il y avait de mieux.

Ils habitent un logement de deux pièces ; 300 francs de loyer, et ils espèrent que les Dames de France pourront procurer du travail au mari ; mais en attendant, ils ne sont pas heureux, le mari malade, démunis de tout et même de vêtements.

Elle va essayer de toucher des mois de nourrice.

M. 27.975. Statutaire, La Villette.

Enfant, 1 : 4 ans.

Mari : Charbonnier.

Gain : 7 fr. 50 par jour.

Observations : Accouchement prompt fait par une sage-femme de la Mairie, le bébé va bien. Cette femme paraît bien aller, elle a besoin de repos ayant été beaucoup fatiguée pendant sa grossesse ; elle a sa mère près d'elle.

Elle habite au troisième étage un logement à 5 fr. 50 la semaine.

M. 32.338. Extra statutaire, Charonne.

Enfants, 4 : 17, 16, 12, 10 ans.

Mari : Homme de peine.

Gain : 5 francs par jour.

Observations : Accouchement normal par sage-femme de la Mairie, l'enfant est beau et la mère va aussi bien que possible. J'ai trouvé une femme près d'elle.

Ces gens sont remariés en deuxièmes noces et avaient chacun deux enfants ; celui de 17 ans, appartenant à la femme, a toujours été malade, il ne peut apprendre aucun métier, c'est une charge de plus. Ils ne sont pas heureux, 5 francs pour la famille sont insuffisants, il faut que la femme travaille pour avoir moins de privations et avec ce nouveau-né, elle ne pourra plus. Elle va demander des mois de nourrice ; elle aura la Charité Maternelle.

Ils habitent au quatrième étage. 260 francs de loyer ; intérieur pauvre et tenu assez propre.

M. 25.981. Statutaire, Clignancourt.

Enfants, 5 : 15, 11, 9, 7, 2 ans.

Mari : Carreleur.

Gain : 8 francs par jour.

Observations : Accouchement normal, long, fait par la sage-femme de la Mairie. Le bébé est venu à 7 mois. Cette femme est très fatiguée ; elle a été obligée de se lever un peu plus tôt, à cause de tous ses enfants. Le bébé est venu à 7 mois et presque pas de vie ; il a vécu 2 jours.

Cette famille habite au premier, un logement de 330 fr., grand, donnant sur une cour, bien aéré, à peu près tenu.

La fille de 15 ans est placée dans le commerce ; elle gagne 20 francs par mois.

M. 12.271. Extra statutaire, Nanterre.

Enfants, 7 : 17, 14, 13, 11, 6, 3, 2 ans.

Mari : Peintre en bâtiments.

Gain : 6 francs par jour.

Accouchement normal ; l'enfant est beau, proprement tenu. La santé de la mère est assez bonne.

M. 22.024. Extra statutaire, Ménilmontant.

Enfants, 4 : 10, 8, 6 ans, 18 mois.

Mari : Ouvrier bijoutier.

Gain : 5 francs par jour.

Observations : Accouchement normal par sage-femme de la Mairie ; l'enfant est beau et la mère va assez bien. J'ai trouvé une femme près d'elle.

Elle a cependant besoin de bons soins, car après l'accouchement elle a eu une hémorragie.

Ils ont bien du mal à arriver avec le gain du mari pour cette nombreuse famille, surtout qu'il est encore assez souvent retenu par la maladie et qu'il perd des journées.

Ils habitent au 5e étage, deux pièces et cuisine, intérieur modeste et bien tenu.

M. 37.916. Statutaire, Italie.

Enfants, 4 : 8, 6, 5, 3 ans.

Mari : Fumiste.

Gain : 4 fr. 50 par jour.

Observations : L'accouchement a été normal, par une sage-femme de la Mairie. Loyer : 180 francs ; 2 pièces et une cuisine, au premier, sur la cour. Ces gens sont très malheureux ; le père est presque aveugle et ne peut pas travailler.

L'intérieur est pauvre, mais bien tenu.

Quand je me suis présentée le père était occupé à chercher des chiffons, afin d'aller les vendre pour pouvoir donner du pain à ses enfants le soir.

Grande misère.

M. . Extra statutaire, Choisy-le-Roi.

Enfants, 3 : 6, 3 ans, 13 mois.

Mari : Maçon.

Gain : 5 francs par jour.

Observations : Loyer, 130 francs.

M. 20.224. Statutaire, Unité.

Enfants, 4 : 8 ½, 7, 4, 3 ans.

Mari : Homme de peine.

Gain : 5 francs par jour.

Observations : Accouchement très difficile ; c'était des jumeaux ; la sage-femme a été obligée de demander le secours d'un docteur. C'était un dimanche ; deux se sont refusés à venir ; le troisième est venu, mais après bien du temps ; le deuxième enfant a tant souffert qu'il n'a pu vivre malgré tous les moyens employés pour le ranimer.

Bien qu'ayant cette nombreuse famille, cette pauvre femme ne se plaint pas et ses enfants sont bien portants et tenus bien propres ; il faut cependant chaque jour 5 à 6 livres de pain.

Ils habitent une maison avec jardin ; ils sont allés à la campagne pour la santé des enfants et en raison de la difficulté de se loger à Paris.

Elle a l'intention de s'adresser avenue Victoria pour demander un secours de mois de nourrice.

M. 31.063. Extra statutaire, Saint-Denis-Nord.

Enfants, 5 : 12, 9, 6, 4, 2 ans.

Mari : Garçon cimentier.

Gain : 6 francs par jour.

Observations : Accouchement normal par sage-femme de la Mairie, Mme Charbonnel. Loyer, 14 fr. 50 par mois, deux chambres au premier étage, bien pauvrement meublées ; il n'y a que deux grands lits pour sept personnes, ce qui est trop peu ; il faudrait un berceau pour le nouveau-né et un autre lit au moins.

Cette famille a chaque mois, au Bureau de bienfaisance, trois pains et un pot-au-feu.

Les enfants ont bonne santé, trois vont en classe. La petite de 4 ans n'a pu entrer à l'asile.

La mère parait très active ; l'intérieur est plutôt propre.

M. 31.726. Extra statutaire, La Chapelle.

Enfants, 9 : 15, 13, 12 ½, 11, 10, 8, 7. 6. 4.

Mari : Au Gaz.

Observations : Accouchement normal, très long, fait par une sage-femme de la Mairie. Le bébé va bien.

Cette femme est fatiguée, c'est son sixième enfant ; il y a des enfants de trois lits. Le garçon ainé gagne 1 fr. 50 par jour, la fille est malade.

Cette famille habite au deuxième un logement aéré, grand. 320 francs de loyer.

M. 29.969. Statutaire, La Plaine-Saint-Denis.

Enfant, 1 : 1 an.

Mari : Employé au gaz.

Gain : 5 francs par jour.

Observations : Accouchement normal à Lariboisière. L'enfant venu à sept mois et demi est petit et prend le sein avec peine ; la mère se remet lentement. L'aînée est délicate et a une faiblesse dans les jambes.

Loyer, 250 francs, deux chambres au premier étage, claires et proprement tenues, mais pauvrement meublées.

M. . Extra statutaire, Vincennes.

Enfants, 3 : 9, 6 ans, 19 mois.

Observations : Seule avec quatre enfants.

M. 28.149. Statutaire, Temple.

Enfants, 5 : 10, 8, 5, 3 ans, 16 mois.

Mari : Ouvrier laitier.

Gain : 6 francs par jour.

Observations : L'accouchement a été très long, par une sage-femme de la Mairie. 215 francs de loyer, deux petites pièces au sixième étage, sur la rue, très bien tenues.

Le mari est malade (tuberculeux), il ne travaille pas depuis dix-huit mois.

Cette femme, en sa qualité d'infirmière, a fait un remplacement pendant les inondations, elle a été dans un service de rougeole et de coqueluche ; elle a rapporté le mal à ses enfants et depuis ils sont tous malades..

Il est dû deux termes, la concierge semble dire que le propriétaire les expulsera pour juillet si l'on ne paie pas.

Les enfants sont actuellement dans la famille ; mais sitôt que la mère sera levée, on les lui rendra.

M. . Statutaire, Ivry.

Enfants, 2 : 10, 4 ans.

Mari : Manœuvre.

Gain : 6 francs par jour.

Observations : Cette famille est très intéressante, ayant été une des plus éprouvées pendant les inondations. Elle habite un rez-de-chaussée, rue Jean-Jacques-Rousseau. Elle a eu son mobilier, lingerie et vêtements, complètement perdus et a été doublement éprouvée par la perte d'un enfant de trois ans qui, malade à cette époque, a contracté un refroidissement au moment du sauvetage.

M. 32.899. Extra statutaire, Italie.
Enfants, 5 : 14 ½, 13, 11, 5, 2 ½.
Mari : Manœuvre.
Gain : 4 fr. 50 par jour.

Observations : Accouchement normal par sage-femme de la Mairie, Mme Mottard. Loyer, 235 francs, deux chambres au premier étage, aérées et propres.

L'enfant est superbe, la mère se remet bien. Ce sont les fillettes qui soignent les plus jeunes ; elles lavent même sous les regards de la mère, qui paraît très ordonnée.

L'aîné, 14 ans ½, est apprenti, il gagne 1 franc par jour.

Les secours de nourrice et de la Charité Maternelle sont demandés.

Famille intéressante.

M. 30.618. Extra statutaire, La Villette.
Enfant, 1 : 7 ans.
Mari : Frappeur.
Gain : 4 francs par jour.

Observations : L'accouchement a été normal par une sage-femme de la Mairie. 4 fr. 50 de loyer par semaine ; il est dû 40 francs au propriétaire. Vient de perdre un enfant de 3 ans, de la diphtérie, il y a quinze jours.

Le mari a été blessé hier au bras assez sérieusement.

Quand cette femme est accouchée, il n'y avait rien à maison, la misère est grande.

La fin de la grossesse a été très mauvaise à cause de la maladie et de la mort de l'enfant de 3 ans.

M. 32.030. Extra statutaire, Levallois-Perret.
Enfants, 4 : 13, 10, 6, 4 ans.
Mari : Journalier.
Gain : 5 francs par jour.

Observations : Accouchement normal à Beaujon. Loyer, 250 francs, deux chambres au rez-de-chaussée, pauvrement meublées, mais propres. L'enfant est beau, la mère est très faible.

Deux enfants vont aller en vacances, à Villeneuve-sous-Bois, et la mère a beaucoup de peine à réunir les vêtements exigés.

L'enfant de 4 ans a été à l'Abri de l'Enfance pendant l'absence de la mère ; les autres sont restés à la maison, soignés par le père et la fillette de 13 ans, qui est apprentie fleuriste et gagne 0 fr. 50 par jour.

Cette famille semble très intéressante. Le père a chomé 15 jours pendant l'Inondation, ce qui a mis une grande gêne dans l'intérieur.

M. 29.167. Statutaire, Reuilly.
Enfants, 7 : 17, 12, 11, 10, 8, 2 ans, 14 mois.
Mari : Porteur aux Halles.
Gain : 4 à 5 francs par jour.

Observations : Accouchement normal par une sage-femme de la Mairie. L'enfant est assez beau et la mère va bien doucement. personne près d'elle.

Cette femme ne pourrait payer une garde, car il y a de la misère ; avec son premier mari elle a été très malheureuse ; elle a été obligée de vendre son mobilier. Elle vit en hôtel meublé avec son deuxième mari. 6 francs de loyer par semaine et ne reçoit aucun secours de loyer.

Ils ont un garçon en pension, 15 francs par mois par protection. Elle espère avoir 15 francs de mois de nourrice ; elle ne peut avoir la Charité Maternelle.

Ils ont l'intention de se marier; sa mère qui y mettait obstacle, est décédée.

M. 33.205. Extra statutaire, Temple.
Enfants, 6 : 20, 13, 10, 9, 6 ans, 16 mois.
Mari : Serrurier.
Gain : 6 fr. 50 par jour.

Observations : Accouchement normal par sage-femme de la Mairie. L'enfant est beau, bien venant ; la mère va aussi bien que possible. J'ai trouvé une femme près d'elle. Le mari gagne bien sa vie, mais ils ont quand même bien du mal à arriver.

Ils sont chaque jour neuf à table puisqu'ils ont leur vieille grand'mère avec eux ; il faut donc quotidiennement 6 à 7 livres de pain et arriver à payer le loyer de 370 fr., qui a été augmenté de 20 fr., ce qui est énorme pour eux. Ils occupent au 6e deux pièces, une cuisine. Intérieur très modeste et propre.

Elle aura mois de nourrice, ainsi que la Charité Maternelle.

M. . Extra statutaire, Ivry.
Enfants, 6 : 19, 17, 12, 10, 8, 6 ans.
Mari : Journalier.
Gain : 4 francs par jour.

Observations : Cette accouchée est intéressante; les inondations l'ont obligée à quitter, elle et toute sa famille, le logement qu'elle occupait, où elle a pu néanmoins rentrer pour faire ses couches.

Le mari ne gagnant que 4 francs, cette famille n'arrive à se nourrir qu'à force de privations.

Ménage assez ordonné, qu'il y a lieu de suivre, afin de lui venir en aide si la situation ne s'améliore pas.

M. 27.590. Statutaire, Courbevoie.

Enfants, 6 : 18, 13, 11, 8 ½, 3 ans ½, 19 mois.

Mari : Menuisier.

Gain : 5 francs par jour.

Observations : Accouchement très long, fait par la sage-femme de la Mairie. Le bébé va bien. Cette femme est très fatiguée, elle a des varices aux jambes; elle est au lit depuis trois mois et devrait y rester encore longtemps.

Ces gens sont dans la misère; ils doivent leur maison et des intérêts, et ne pourront pas payer; le mari manque souvent de travail.

Leur logement est grand, aéré.

M. 24.469. Statutaire, Clignancourt.

Enfants, 6 : 18, 16, 14, 10, 7 ½, 2 ans ½.

Mari : Laveur de voitures.

Gain : 5 francs par jour.

Observations . Accouchement long, fait par la sage-femme de la Mairie. Le bébé va bien. Cette femme est très fatiguée; elle a nourri tous ses enfants au sein; c'est son dixième.

Cette femme a eu le linge prêté par la Section. Ils habitent au deuxième, un logement de 325 francs de loyer.

La fille aînée gagne 2 francs, le fils aîné gagne 1 fr. 50, et le petit de 14 ans est en apprentissage.

M. 398. Statutaire, Gentilly.

Enfants, 4 : 17, 9, 8, 5 ans.

Mari : Homme de peine.

Gain : 4 francs par jour.

Observations : Je viens de visiter cette famille. Ce sont de braves gens, mais malheureux et dignes de secours. Le mari gagne peu et est souvent sans travail.

Etant donné le nombre des enfants, la femme ne peut entreprendre aucun travail. Malgré cela, les enfants sont propres et bien soignés.

M. 24.250. Statutaire, Clignancourt.

Enfants, 6 : 10, 8 ½, 7 ½, 6, 4 ans ½, 20 mois.

Mari : Peintre en bâtiments.

Gain : 6 fr. 50 par jour.

Observations : Accouchement normal fait par la sage-femme de la Mairie. Le bébé va bien.

Cette femme paraît bien aller ; elle a eu le linge prêté par la Section.

Ils habitent au rez-de-chaussée un logement de 340 fr. de loyer.

M. 27.060. Statutaire, Clignancourt.

Enfants, 5 : 14, 9, 6 ½, 4 ans ½, 19 mois.

Mari : Cimentier.

Gain : 5 francs par jour.

Observations : Accouchement normal fait par la sage-femme de la Mairie. Le bébé va bien, ainsi que la mère. Elle habite à l'hôtel, une chambre à 5 francs par semaine; ils doivent déménager et habiter un logement ; c'est très malpropre, les enfants mal tenus.

M. 26.861. Statutaire. Italie.

Enfants, 5 : 12, 10, 7, 6, 4 ans.

Mari : Corroyeur.

Gain : 6 francs par jour.

Observations : Accouchement laborieux par sage-femme de la Mairie. Loyer. 160 francs. deux chambres au rez-de-chaussée, sans jour et humide.

L'enfant est très beau. la mère se remet bien. Les autres enfants sont en classe et y ont la cantine. Les secours de couches, de nourrice et de la Charité Maternelle sont demandés et seront utiles à cette nombreuse famille.

M. 30.093. Extra statutaire, Belleville

Enfants, 6 : 17, 16, 13, 9, 5, 4 ans.

Mari : Décolteur.

Gain : 5 francs par jour.

Observations : Accouchement normal par sage-femme de la Mairie. L'enfant est beau et la mère va bien doucement ; elle a été obligée de se lever le plus vite possible, ayant un petit garçon de 4 ans très malade. Je l'ai trouvée désolée auprès de cet enfant qui est mourant de la méningite.

Ces pauvres gens, malgré cette nombreuse famille, sont toujours arrivés à élever leurs enfants qui étaient bien portants ; elle me dit n'avoir jamais rien demandé à personne, parce qu'avant elle travaillait et sa mère soignait l'intérieur, mais ayant perdu sa mère, il lui faut rester à la maison et ne plus gagner ; elle paraît bien bonne mère.

Ils habitent au quatrième étage deux pièces et cuisine. 360 francs de loyer ; intérieur modeste et tenu propre.

M. . Extra statutaire, Gentilly.

Enfant : Nouveau-né.

Mari : Soldat au 13e d'Artillerie.

Observations : Vient d'être sinistrée à Choisy-le-Roi ; n'a plus de meubles ni de local ; mérite d'être aidée par un secours, si possible.

M. 32.175. Extra statutaire, Clichy.

Enfant, 1 : 5 ans.

Mari : Charbonnier.

Gain : 6 francs par jour.

Observations : Accouchement laborieux, avec perte par Mme Muller. Loyer, 20 francs, deux chambres au 2e étage, simples et propres. L'enfant est beau, la mère se remet bien; elle n'a pas eu de secours de couche, mais a demandé celui de nourrice quoiqu'elle n'ait que deux enfants. Le mari n'a chômé que huit jours, la mère pendant 3 semaines; elle assure n'avoir pas eu de secours à la Mairie.

Le mari partira le mois prochain pour sa période de 28 jours à Guingamp.

M. 30.938. Extra statutaire, Puteaux.

Enfants, 1 : 4 ans.

Mari : Décédé.

Observations : Accouchement normal, par sage-femme de la Mairie, Loyer, 100 francs, une petite chambre au 1er étage, bien simple et propre; l'enfant est belle; la mère se rement bien, mais elle a besoin d'aide pour élever ses deux enfants. L'aînée va à l'école et rentre manger avec la mère. Le nouveau-né va lui coûter 1 franc par jour, plus le lait et cette mère est très en retard pour ses paiements son mari étant mort tuberculeux après trois mois de maladie.

Un secours a été demandé à l'Assistance pour cette famille intéressante.

M. 4.669. Statutaire, Ménilmontant.
Enfants, 4 : 9, 7, 5, 3 ans.
Mari : Aide plombier.
Gain : 5 fr. 50 par jour.

Observations : Accouchement normal, par sage-femme de la Mairie. L'enfant est superbe, la mère va très bien. Je l'ai trouvée vaquant aux soins du ménage. Après avoir eu 4 garçons, cette femme est heureuse d'avoir enfin une fille, qui, bien qu'étant la cinquième est la bienvenue.

Ces gens malgré la nombreuse famille ne paraissent pas malheureux, le mari travaille régulièrement et la femme paraît bien économe ; ses enfants sont bien tenus.

Ils habitent deux pièces très petites, 270 francs de loyer; logement trop petit pour la famille, ils vont chercher à se loger plus grandement.

Elle va demander des mois de nourrice. Ne connaissait pas la Charité Maternelle.

M. 32503. Extra statutaire, Charenton-le-Pont.
Enfants, 4 : 11, 7, 5, 2 ans.
Mari : Homme de peine.
Gain : 6 francs par jour.

Observations : Accouchement normal par sage-femme de la Mairie. L'enfant est beau et la mère, que j'ai trouvée levée, occupée aux soins du ménage, va bien.

Ils ne sont pas bien heureux avec cette nombreuse famille. La mère paraît cependant bien s'entendre pour l'organisation de l'intérieur ; elle est bien économe et les enfants sont tenus bien propres, leurs vêtements bien raccommodés.

Ils habitent au 2e étage dans une vieille maison, un logement de 2 pièces, 130 francs de loyer. Intérieur pauvre et tenu d'une grande propreté.

M. 30.841. Extra statutaire, Ménilmontant.
Enfants, 4 : 8 ½, 7, 6, 2 ans.
Mari : Passementier.
Gain : 5 francs par jour.

Observations : Accouchement normal, fait par une sage-femme de la Mairie. Le bébé va bien. Cette femme va bien, c'est son 7e enfant. Le mari ne travaille pas beaucoup, les enfants sont petits. Cette femme a beaucoup de mal. Ils habitent 2 chambres malpropres, 260 francs de loyer, dans le fond d'une cour, mais bien exposés.

M. 12.276. Extra statutaire, Nanterre.
Enfants, 6 : 12, 9, 7, 6, 4 ½, 2 ½.
Mari : Chiffonnier.
Gain : 5 francs par jour.

Observations : Accouchement normal. L'enfant est beau proprement tenu. La santé de la mère est bonne. Elle est accouchée à la maison de Nanterre.

M. 32.213. Extra statutaire, Clichy.
Enfant, 1 : 6 ans ½.
Mari : Supplémentaire aux Batignolles.
Gain : 117 francs.

Observations : Accouchement pas long, fait à l'hôpital Beaujon. Le bébé va bien. Cette femme paraît fatiguée, c'est son cinquième enfant. Ces gens ont été inondés et obligés de partir de chez eux pendant quinze jours. Ils ont été logés à l'hôtel, puis, obligés de payer, ils m'ont dit qu'ils n'avaient reçu que 10 francs de la Mairie et un peu de vêtements; leur mobilier est en partie perdu, il fait très humide chez eux. Ces gens ne peuvent pas subir la dépense de charbon qui serait nécessaire pour sécher.

Ils habitent au rez-de-chaussée, une chambre et une cuisine, 150 francs de loyer.

M. 33.028. Extra statutaire, Reuilly.
Enfants, 5 : 15, 13 ½, 8 ½, 5 ½, 3 ½.
Mari : Journalier.
Gain : 30 francs par semaine.

Observations : Bon accouchement par sage-femme du Bureau, chez elle. Elle est debout à faire son ménage, malgré son peu de forces. Cette femme a eu 7 enfants dont 6 vivants, l'aînée de ses filles a eu la cheville cassée, elle est restée un mois sans travailler, elle vient de recommencer aujourd'hui, mais elle ne gagne que 1 fr. 50 par semaine. Le petit garçon de 3 ans ½ va être opéré d'une hernie étranglée. La seconde est très délicate et a fait plusieurs maladies. Cette pauvre femme est bien éprouvée avec ses enfants ; elle a bien du mal avec cette famille.

300 francs de loyer, trois pièces claires et aérées, le tout très propre et bien tenu. Cette famille est très digne d'intérêt.

M. 27.154. Statutaire, Temple.

Mari : Bijoutier.

Enfants, 3 : 5, 4, 2 ans.

Gain : 5 fr. 50 par jour.

Observations : L'accouchement a été normal, fait par une sage-femme de la Mairie. 240 francs de loyer, une seule chambre au cinquième sur la rue.

L'intérieur est très pauvre mais assez bien tenu ; le père travaille fort peu en ce moment. La misère est grande, la mère ne pouvant rien faire avec quatre si jeunes enfants.

Cette femme en a déjà perdu trois, un pas à terme, un autre d'entérite et le troisième de rougeole.

M. 32.404. Extra statutaire, Grenelle.

Enfants, 3 : 25, 13, 9 ans.

Mari : Décédé

Observations : Accouchement normal, par une sage-femme de la Mairie. Loyer, 220 francs, il est dû 1 terme ½.

Cette femme a perdu son mari il y a 3 mois. Depuis cette époque, elle n'a vécu que grâce à la charité de ses voisins, je lui ai conseillé d'aller manger à la Cantine maternelle, rue Sébastien-Mercier, ce qu'elle fera, je l'espère, conservant le peu d'argent qu'elle gagne en lavant, pour nourrir ses enfants.

Elle est très inquiète pour son loyer, je lui ai promis de la recommander à l'Abri.

Situation très intéressante et digne d'être aidée.

La fille de 25 ans a disparu.

Elle aima la Charité Maternelle.

M. 31.431. Extra statutaire, La Plaine-Saint-Denis.
Enfants, 4 : 19, 10½, 9, 7 ans.
Mari : Balayeur au Saint-Gobain.
Gain : 4 fr. 25 par jour.

Observations : Accouchement normal, pas long, fait par la sage-femme de la Mairie. Le bébé est tout petit. Cette femme me paraît dans une grande misère, le mari gagne peu et souvent il est arrêté par des douleurs dans les jambes. Il n'y a que lui qui rapporte à la maison et c'est peu pour cette famille.

Le garçon aîné est resté près de sa mère pour s'occuper des autres.

Cette femme n'a pas de linge pour son bébé, très peu pour elle.

Elle habite au rez-de-chaussée, une seule chambre, elle met un matelas à terre et tous les enfants couchent ensemble. Ils paient 15 francs par mois de loyer.

M. 21.861. Statutaire, La Plaine-Saint-Denis.
Enfants, 6 : 13 ½, 11 ½, 9 ½, 7 ½, 4, 2 ans.
Mari : Au Gaz.
Gain : 6 francs par jour.

Observations : Accouchement normal, pas long, fait par la sage-femme de la mairie. Le bébé va bien. Cette femme est fatiguée ; elle a des varices aux jambes et aurait besoin de se reposer, mais avec tous ses enfants, ce n'est pas facile. La fille aînée est à la maison et s'occupe un peu des petits ; elle ne travaille pas encore, elle a la vue très faible.

Cette femme habite au quatrième, un logement très malpropre, 280 francs de loyer.

M. 24.296. Statutaire, Charonne.
Enfants, 6 : 15, 13, 11, 9, 6, 3 ans.
Mari : Homme de peine.
Gain : 4 fr. 50 par jour.

Observations : Accouchement normal par sage-femme de la Mairie. L'enfant est beau et la mère va assez bien. J'ai trouvé près d'elle une voisine qui la soigne et qui prend soin des autres enfants.

Ces gens sont malheureux ; le gain du mari devient insuffisant pour les besoins de la famille, il faut chaque jour des privations, même du nécessaire.

Il faut déjà 6 à 7 livres de pain chaque jour, ce qui est de beaucoup dans la nourriture car il y a encore les vêtements. Les enfants sont tenus assez propres. Ils reçoivent très peu de secours, 10 francs à peu près à chaque terme, le loyer est de 160 francs, ils habitent un rez-de-chaussée humide où il ne fait pas clair.

Ces pauvres gens sont encore heureux que l'on veut bien les accepter avec leur famille ; intérieur très malheureux, composé de vieux meubles et de mauvaises literies.

Elle touchera des mois de nourrice ainsi que la Charité Maternelle.

M. 31.641. Extra statutaire, Alfortville.
Enfants, 4 : 9, 7, 6, 3 ans.
Mari : Mécanicien.

Observations : Accouchement normal par sage-femme de la Mairie. L'enfant est beau et la mère va assez bien ; je l'ai trouvée aux soins du ménage.

Ces pauvres gens ont été bien éprouvés par l'inondation, tout leur mobilier a été perdu.

Ils ont été placés par les Dames de France chez un propriétaire qui a demandé une grande famille à abriter.

Il leur a été fourni des lits et du ménage. Ils sont là jusqu'au jour où ils pourront retourner à Alfortville ; le mari y étant occupé depuis 12 ans chez le même patron ; à leur départ, les dames de France s'occuperont encore d'eux.

M. 31.791. Extra statutaire, Ivry.
Enfants, 3 : 22, 19, 12 ans ½.
Mari : Garçon de bureau.
Gain : 130 francs par mois.

Observations : Logement se composant d'une salle à manger, deux chambres à coucher et d'une cuisine au 2ᵉ étage, prix annuel, 330 francs. Ont dû prendre un loyer au-dessus de leurs moyens pour raison de santé pour avoir plus d'air et de clarté, pour le père qui est tuberculeux et la jeune fille qui est également atteinte du terrible mal.

Intérieur bien navrant. La mère a fait ses couches à la Maternité, où elle a été en observation ayant un fibrome ombilical. L'accouchement s'est fait normalement quoiqu'ayant les jambes pleines de varices.

A son retour, son mari était alité terrassé par son mal, elle fut obligée de le soigner, tout en n'en ayant pas la force.

Dans cette situation, elle ne sait quand elle pourra reprendre son travail. Il ne reste donc plus que les maigres appointements du mari pour subvenir à toute cette famille, qui est vraiment à plaindre puisque le fils fait son service militaire.

Cette famille est très intéressante, et a l'estime de tout le quartier.

Le jeune bébé paraît très bien.

M. 27,119. Statutaire, XIVe arrondissement.

Enfants, 5 : 13, 11, 10, 4 ans et 20 mois.

Mari : Garçon couvreur.

Gain : 5 francs par jour.

Observations : Accouchement normal par sage-femme de la Mairie. L'enfant est beau et la mère va bien. J'ai trouvé une femme près d'elle.

Ces gens ne paraissent pas très heureux, car le gain du mari est bien minime en raison des besoins de la famille. La femme ne peut gagner, elle a bien assez à faire dans son intérieur et aux soins de ses enfants, car elle paraît bonne mère.

Il faut déjà chaque jour 5 à 6 livres de pain ce qui est de beaucoup dans la nourriture. Ils habitent au 4e deux pièces bien aérées, tenues assez propres. 260 francs de loyer qu'ils paient difficilement.

Cette femme regrette ne pas avoir connu la Charité Maternelle, ça lui aurait rendu des services pour la layette qu'elle n'a pas suffisamment.

Elle va demander des mois de nourrice.

M. 32.621. Extra statutaire, La Villette.

Enfants, 3 : 8, 3 ans et 18 mois.

Mari : A abandonné sa femme.

Observations : Accouchement normal fait par une sage-femme de la Mairie. Le bébé va bien. Cette femme est au lit depuis 3 jours, et est obligée de changer de logement; elle a sa sœur avec elle, je l'ai visitée au 58, rue de Crimée. Elle n'a pas été sinistrée, habitant ici depuis 2 ans. Seulement le père de ses enfants l'a quittée au mois de janvier et depuis elle n'a plus entendu parler de lui, elle est dans la misère.

Elle va habiter un logement de 210 fr.

M. 27.827. Statutaire, Reuilly.

Enfants, 5 : 11, 9, 5, 3 ans et 18 mois.

Mari : Homme de peine.

Gain : 5 francs par jour.

Observations : Accouchement normal par sage-femme de la Mairie. L'enfant est beau; la mère parait bien fatiguée de tant d'enfants. Je n'ai vu personne près d'elle; elle est soignée par l'un et l'autre.

Ces gens ne sont pas bien heureux ; ils ont souffert de l'inondation, empêchement de circuler chez eux et dans la rue. Le mari a été 2 mois sans travailler et il est malade souvent, il est alors bien difficile d'arriver, elle va demander les mois de nourrice. Elle aura la Charité Maternelle.

Ils occupent au 5e une seule pièce, 277 francs de loyer; chambre bien aérée.

M. 25.956. Statutaire, Monge.

Enfants, 7 : 18, 13, 9 ½, 8, 5, 2 de 2 ans ½ (jumeaux).

Mari : Employé à Cochin.

Gain : 6 fr. 50 par jour.

Observations : Accouchement normal, par sage-femme de la Mairie. Loyer, 230 francs, une grande chambre avec cabinet; local trop petit pour cette grande famille. L'aînée, apprentie dactylographe, gagne 40 francs, les autres vont en classe et ont bonne santé, sauf les deux jumeaux qui ont la coqueluche.

Le secours de nourrice est demandé, famille intéressante.

M. 25.129. Statutaire, Italie.

Enfants, 5 : 18, 16, 11, 9, 7 ans.

Mari : Est divorcée.

Observations : Accouchement normal, par sage-femme de la Mairie. Cette femme est divorcée et vit maritalement avec le père du dernier enfant qui n'est pas reconnu. L'aîné, de 18 ans, est avec la famille du premier mari ; la jeune fille de 16 ans est apprentie et gagne 1 franc environ ; les autres vont en classe et y ont la cantine.

L'enfant, venu à 8 mois, est bien vivant ; la mère se remet bien.

M. 31.628. Extra statutaire, La Chapelle-La Goutte-d'Or.

Enfants, 7 : 21, 18, 15, 13, 11, 8, 1 an.

Mari : Cordonnier.

Gain : 5 francs par jour.

Observations : Accouchement normal, par sage-femme de la Mairie. Loyer, 250 francs, deux chambres au 1er étage. Local trop petit pour cette nombreuse famille. L'enfant est belle, mais la mère est très fatiguée.

L'aîné, 21 ans, est au service ; celle de 18 ans n'est plus chez ses parents; seule, celle de 15 ans gagne 1 fr. 25 et aide sa famille. Celle de 13 ans va entrer en apprentissage ; les autres vont en classe et y ont la cantine. Les secours de couche et de la Charité Maternelle ont été demandés.

M. . Statutaire, Sèvres.

Enfant, 1 : 14 mois.

Mari : Frappeur en caractères.

Gain : 6 francs par jour.

Observations : Ce très jeune ménage paraît animé des meilleures dispositions pour bien élever ses enfants.

La femme s'ocupera spécialement de ses deux bébés et de son ménage.

Le mari qui vient d'avoir 21 ans va partir cette fin d'année, faire son service militaire.

M. 32.301. Extra statutaire, Grenelle.

Enfants, 9 : 26, 24, 22, 20, 18, 15, 10, 8, 6 ans.

Mari : Marchand de quatre-saisons.

Gain : 5 francs par jour environ.

Observations : Accouchement normal par Mlle Boulay, sage-femme de la Mairie. Loyer, 250 francs ; 3 chambres au rez-de-chaussée, propres et simples. L'enfant est belle ; la mère se remet bien ; les deux aînés, 26 et 24 ans sont mariés et chez eux. Le fils, 22 ans est au service. Les jeunes filles, 20 et 18 ans gagnent 2 francs chacune, celle de 15 ans a une jambe malade, elle boite et ne gagne que 1 franc, étant apprentie. Les trois dernières vont en classe et y ont la cantine.

Les secours de couche et de la Charité Maternelle sont demandés.

Cette famille paraît très active et semble très bien dirigée par les parents .

M. 28.942. Statutaire, Belleville.

Enfants, 6 : 16, 15, 13, 8, 5 ans, 14 mois.

Mari : Homme de peine.

Gain : 5 francs par jours.

Observations : Bon accouchement chez elle ; cette femme se remettra bien elle l'espère ; le bébé est beau et bien portant. Ces gens ne sont pas heureux ; ils sont obligés de se priver pour arriver avec le gain du mari et de la jeune fille. La mère ne peut travailler, ayant un autre petit garçon de 14 mois. Elle n'a jamais rien pu obtenir de l'Assistance parce que son mari n'est pas naturalisé. J'ai cru devoir leur donner quand même leur argent vu la misère et le dénuement de ces pauvres gens, soutenant quand même leur mère âgée.

Le père habite Paris depuis 32 ans; il a fait toutes les démarches et tous ses papiers sont à la Préfecture pour sa naturalisation ; mais, faute de pouvoir donner la modique somme de 45 francs, il ne peut terminer cette affaire.

Cet homme est lui-même de santé délicate, il a dû quitter son métier de briquetier à la suite d'une pleurésie; il fait maintenant ce qu'il peut comme homme de peine. Il est toujours en traitement pour sa santé, je l'ai vu rentrant déjeuner ; il a une mine maladive. La fille de 13 ans est toujours malade aussi et ils ne peuvent la mettre à travailler.

Malgré le grand besoin de cette famille, elle ne peut rien avoir de l'Assistance. Il serait charitable de lui venir en aide, car ils sont vraiment bien et très intéressants. Loyer, 280 francs, 2 pièces très pauvrement meublées.

M. 33.266. Extra statutaire, Belleville.

Enfants, 10 : 24, 22, 20, 18, 14, 12, 8, 6, 4, 2 ans.

Mari : Retraité de la ville.

Gain : 306 francs par an.

Les aînés, par leur travail viennent en aide aux parents.

Observations : Accouchement normal par sage-femme de la Mairie. L'enfant est fort et la mère va assez bien pour sa position, car elle est bien fatiguée de tant d'enfants. Ces gens ne sont pas heureux, le mari a été forcé de prendre sa retraite avant le temps étant malade, mais ce qu'il reçoit n'est pas suffisant, il cherche à faire des corvées de temps en temps, pour aider le ménage mais sa santé lui fait souvent défaut. Ils ont trois enfants qui gagnent, heureusement pour eux, cela aide à élever les petits, ils en ont un de 18 ans qui est malade, il habite avec sa sœur aînée qui est mariée.

Ils obtiennent très peu de secours de l'Assistance, au moment du terme quelquefois 10 francs; ils ont des bons de Saint-Vincent-de-Paul.

Elle va avoir la Charité Maternelle, ainsi que des mois de nourrice.

Ils habitent un rez-de-chaussée, deux pièces et cuisine, 350 francs de loyer; logement insuffisant pour le nombre de personnes.

Ces gens sont certainement intéressants; ils ont de la conduite et la mère adore ses enfants.

M. 30.822. Extra statutaire, Charonne.

Enfants, 8 . 17, 14, 13, 11, 10, 8, 6, 5 ans.

Mari : Homme de peine.

Gain : 5 francs par jour.

Observations : Accouchement laborieux, par Madame Wagner, sage-femme de la Mairie. Loyer, 270 francs, deux pièces et cabinet au 1er. Intérieur pauvre, mais assez propre, tenu par la fillette de 14 ans. L'enfant vient bien, mais la mère semble très faible, elle dit n'avoir comme secours que celui de nourrice et de la Charité Maternelle

L'aîné a encore une année d'apprentissage pour pouvoir gagner, il n'a en ce moment que son déjeuner, comme gain. Cinq enfants vont en classe et y ont la cantine. Ceux de 8 à 6 ans ont des taies sur les yeux, et celui de 5 ans a un œil complètement perdu.

Cette famille aurait besoin d'aide; quelques coupons seraient nécessaires pour le plus jeune et pour la fillette. Les garçons n'ont pas le change de chemises, ils attendaient qu'on les eut repassées pour s'habiller.

M. 32.297. Extra statutaire, Grenelle.

Enfants, 2 : 5 ½, 3 ans.

Mari : Dans le bâtiment.

Gain : 4 fr. 50, 5 francs.

Observations : Accouchement normal par sage-femme de la Mairie. Loyer, 150 francs, deux pièces au 5e, assez aérées.

Cette famille est très éprouvée et remarquablement intéressante.

Après la naissance du dernier enfant, cette femme a eu une phlébite double, elle est restée 4 mois au lit. Elle est accouchée le 14 mars dernier; deux heures avant son enfant d'un an est décédé.

Le mari est tuberculeux et très gravement atteint ; il ne peut pas travailler.

Ces gens sont sérieux, résignés à leur sort, mais maintenant que toutes les ressources sont épuisées la mère se désole sentant bien que son mari ne pourra plus lui être d'aucun aide.

C'est une des situations les plus navrantes que j'ai vues.

La mère est aussi atteinte de tuberculose et le dernier né a une hernie.

M. 30.725. Extra statutaire, La Villette.
Enfants, 1 : 2 ans ½.
Mari : Homme de peine.
Gain : 5 francs par jour.

Observations : Accouchement normal, à Saint-Louis. L'enfant est beau et la mère que j'ai trouvée rentrée chez elle, va bien ; elle était occupée aux soins de son enfant. Ces gens vivent maritalement mais ils ont l'intention bientôt de se marier.

Ils habitent au 4e, une seule pièce : 160 francs de loyer. Intérieur pauvre, absolument que l'indispensable ; c'est tenu très propre, ainsi que les enfants qui paraissent bien soignés. Cette femme paraît bonne mère.

M. 30.274. Extra statutaire, Italie.
Enfants, 3 : 5, 4, 2 ans ½.
Mari : Homme de peine.
Gain : 5 francs par jour.

Observations : L'accouchement a été fait par une sage-femme de la Mairie. 160 francs de loyer, une chambre au rez-de-chaussée sur une cour. Intérieur très pauvre.

Ces pauvres gens sont de très bonne volonté ; les enfants sont très bien tenus. La misère pourtant est grande.

M. 30.362. Extra statutaire, Neuilly.
Enfant, 1 : 15 mois.
Mari : Employé aux tramways.
Gain : 5 francs par jour.

Observations : Accouchement douloureux par sage-femme de la Mairie, Mme Lourdin. Loyer, 225 francs.

deux petites chambres au rez-de-chaussée, humides et peu éclairées. Intérieur malheureux. La mère qui a eu la colonne vertébrale cassée à son premier accouchement est très faible et a besoin de soins ; l'enfant est belle.

La Section a donné de la layette et la mère espère qu'on pourra lui obtenir le secours de la Charité Maternelle.

M. 22.675. Statutaire, Plaisance.

Enfants, 6 : 15, 11, 8, 6, 5 et 3 ans.

Mari : Cordonnier.

Gain : 5 francs par jour.

Observations : Accouchement normal, par sage-femme de la Mairie. Loyer, 240 francs, deux chambres au rez-de-chaussée. Intérieur pauvre et petit pour cette grande famille. L'aîné, 15 ans, est imprimeur et gagne 1 fr. 50, les autres vont en classe et y ont la Cantine.

Un secours de loyer ayant été demandé à la Mairie, la mère n'aura pas le secours de couche.

Cette famille doit déménager le 8 avril pour aller au 108, rue de l'Ouest.

La mère est très délicate.

M. 26.335. Statutaire, Charonne.

Enfants, 5 : 13, 8, 6, 4, 2 ans.

Mari : Cantonnier.

Gain : 5 francs par jour.

Observations : Accouchement normal par sage-femme de la Mairie. Loyer, 270 francs, 2 chambres au rez-de-chaussée. Intérieur sommaire, mais propre. L'enfant de 13 ans est apprenti, mais ne gagne pas ; deux fillettes, 8 et 6 ans vont en classe.

Les secours de couche et de la Charité Maternelle sont demandés.

Famille intéressante.

M. 23.797. Statutaire, Italie.

Enfants, 2 : 6, 3 ans.

Mari : Chiffonnier.

Gain : 5 francs par jour.

Observations : Accouchement normal par sage-femme, Madame Autord. Loyer 250 fr., 2 pièces au rez-de-chaussée, avec cour pour les chiffons. Intérieur peu soigné, l'enfant est très petit, mais prend bien le sein; la mère se remet bien. Les secours de nourrice et de la Charité Maternelle sont demandés.

Les deux sœurs de Madame Fournier sont orphelines. elles sont élevées chez elle, et l'Assistance n'a accordé qu'un secours mensuel de 10 fr. pour ces deux enfants.

Elle a déjà eu à sa charge sa grand'mère et un orphelin. Famille intéressante.

Vu l'état de misère la Mutualité Maternelle a accordé en plus de l'indemnité, 20 francs de secours en nature.

M. 4.146. Statutaire, La Villette.

Enfants, 6 : 14, 12, 10, 8, 4, 2 ans.

Mari : Raccommodeur de sacs.

Gain : 2 fr. 50 par jour.

Observations : Accouchement normal par sage-femme de la Mairie. L'enfant est assez beau, mais la mère va bien doucement, car elle est fatiguée de tant d'enfants.

Ces gens ne sont pas heureux avec cette famille et si peu de gain par jour, quand encore ils ne manquent pas de travail.

Ils sont un peu secourus par les religieuses de Saint-Vincent de Paul, qui donnent des bons de pain et de viande, sans cela comment pourraient-ils, avec 2 fr. 50, arriver à payer un loyer de 180 fr. Quelques fois ils touchent, au terme, 10 francs de la Mairie.

Elle va avoir des mois de nourrice ainsi que la Charité Maternelle.

Le mari ne peut faire aucun métier fatiguant; il a une hernie double, c'est pourquoi il s'est mis à coudre des sacs et la femme travaille peu; elle a bien à faire avec les enfants qui sont tenus bien propres.

Ils habitent une seule grande pièce, au rez-de-chaussée; intérieur pauvre, mais tenu très propre.

Vu l'état de misère, il a été accordé par la Mutualité Maternelle un secours de 30 francs en nature.

M. 33.369. Extra statutaire, Ménilmontant.

Enfants, 4 : 12 ½, 10, 7, 6 ans.

Mari : Est presque aveugle, ne fait rien.

Gain : Reçoit 15 francs par mois de l'Assistance publique.

Observations : Accouchement normal, le bébé est magnifique. Cette femme est à son 12e enfant, aussi elle est affaiblie, mais très courageuse. Son métier est très dur pour elle, elle s'est bien forcée les derniers temps de sa grossesse pour gagner la nourriture de toute sa famille. Son mari étant presqu'aveugle ne peut pas travailler, ayant en plus deux hernies.

Cette mère est très intéressante; elle est soignée par sa petite fille de 12 ans, qui est charmante.

Je l'ai trouvée entrain de faire le ménage et laver par terre. Intérieur d'ouvriers, très dignes d'intérêt.

Loyer 300 francs, trois petites pièces bien tenues.

Vu l'état de misère la Mutualité Maternelle a accordé un secours de 30 francs en nature.

M. 33.353. Extra statutaire, Reuilly.

Enfants, 2 : 5, 7 ans.

Mari : Maçon.

Gain : 7 francs. Ne travaille pas depuis sa blessure.

Observations : Accouchement douloureux, par sage-femme de la Mairie, Madame Robin. Loyer 6 fr. par semaine, pour une chambre d'hôtel. Famille bien malheureuse; le mari a été blessé il y a treize mois, il est resté à l'hôpital deux mois et est rentré chez lui, où il a eu la demi-solde pendant 7 mois et demi. Depuis il n'a rien reçu étant en procès avec l'assurance pour avoir une pension; sa jambe ne lui permettant pas de reprendre son travail.

Leur garçon de 5 ans a le côté gauche paralysé; il a été soigné dans divers hopitaux, sans obtenir de mieux sensible.

Cette famille, qui a souffert de l'inondation, n'a pas eu de secours; mais elle a eu la nourriture donnée dans les maisons hospitalières.

Famille nécessiteuse; c'est la Section qui a donné le versement de 3 francs.

Il y a trois semaines de retard de loyer.

Vu l'état de misère la Mutualité Maternelle a accordé en plus de l'indemnité un secours de 50 francs que la Section utilisera selon les besoins.

M. 32.562. Extra statutaire, Belleville.

Enfants, 2 : 7 ans, 14 mois.

Mari : Porteur aux Halles.

Gain : 3 francs par jour.

Observations : Accouchement pénible, suivi d'hémorragie. La malade est sans forces, étant bien éprouvée par 7 enfants successifs; elle en a perdu quatre. Ces pauvres gens sont dans une grande gêne, le mari ne gagnant qu'environ 3 francs. C'est bien peu pour entretenir un ménage; la jeune femme sera obligée de travailler malgré son état de santé et deux bébés en bas âge, dont l'avant-dernier de quatorze mois ne marche pas encore. Le peu qu'ei e pourra faire aidera un peu au ménage. C'est une mère très bien et courageuse; son intérieur, composé de deux pièces, est très propre et son petit garçon de 7 ans bien élevé et bien tenu.

Loyer 180 francs; ils vont être augmentés de 20 francs en janvier. Ces pauvres gens doivent un terme et demi et sont dans une grande gêne. C'est un ménage très intéressant et très digne.

Vu l'état de misère la Mutualité Maternelle a accordé en plus de l'indemnité un secours de 20 francs.

M. 24.528. Statutaire, Asnières.

Enfants, 6 : 15, 13, 11, 9, 5, 3 ans.

Mari : Maçon.

Est malade depuis 5 mois.

Observations : Cette femme a accouché chez elle mais comme elle était très malade, on a du la transporter à l'hôpital. Je n'ai pu avoir ces renseignements que par une voisine. cette femme était sortie; le bébé est tout chétif et paraît malade.

J'ai remis les versements à la Section, qui se chargera de les lui remettre.

Cette femme a dû être envoyée à l'hôpital Tenon, le quatrième jour de ses couches, elle y est restée jusqu'au 23 octobre.

Elle n'est pas guérie. Elle a des ulcères de l'estomac et ne peut s'alimenter qu'avec du lait. Depuis plusieurs années son mari, ouvrier maçon, atteint de tuberculose ne peut plus travailler régulièrement et depuis *six mois*, il est à la campagne chez des parents qui ne veulent *plus le garder.*

L'aîné des enfants, 15 ans, est employé à la Poste et gagne 40 francs par mois. Le second, 13 ans, est employé à Paris et gagne également 40 francs par mois, sur lesquels il faut défalquer son abonnement de semaine au chemin de fer et sa nourriture de midi.

La mère ne peut pas travailler et pour comble de malheur deux enfants malades au lit.

La Section fera le nécessaire en prenant sur les fonds des sinistrés.

M. 32.344. Extra statutaire, Les Bernardins.

Enfant, 1 : 18 mois.

Mari : Terrassier.

Gain : 5 francs par jour.

Observations : Accouchement normal à la Clinique d'Assas. L'enfant est beau et la mère, que j'ai trouvée rentrée chez elle et aux soins de son enfant, va très bien ; elle a touché 7 francs à la sortie, ce dont elle avait bien besoin, son mari étant depuis trois semaines à l'hôpital. La femme ne peut rien faire avec deux enfants si jeunes, ce qui vient mettre de la misère dans cet intérieur.

Au moment des inondations ils ont beaucoup souffert, 1 m 50 d'eau dans la cour, il a fallu sortir par les fenêtres. Ils ont été absents douze jours de chez eux ; le mobilier a été perdu. Ils ont touché 30 francs de la Mairie et les Dames de France ont donné des vêtements et literies.

Ils habitent au quatrième étage, une seule pièce, 240 fr. de loyer ; intérieur pauvre.

Vu l'état de misère, la Mutualité Maternelle a accordé en plus de l'indemnité un secours de 20 francs.

M. 33.486. Extra statutaire, La Chapelle-La Goutte-d'Or.

Enfants, 4 : 15, 11, 8, 4 ans.

Mari : Homme de peine.

Gain : 4 francs par jour.

Observations : Bon accouchement chez sage-femme de l'hôpital. La mère est très faible, le bébé est beau et bien portant. Ces gens sont dans une grande gêne, étant forcés faute de pouvoir payer un terme d'avance, de loger à l'hôtel, où ils payent une seule chambre, 8 francs par semaine. Intérieur pauvre, misérable. Les enfants sont bien élevés.

Le mari ne travaille pas toujours régulièrement, ce qui les met souvent dans l'embarras pour leur chambre. Ils ont leurs meubles qui pourrissent dans une cave et ils attendent qu'une personne charitable leur avance la somme suffisante pour payer un terme d'avance et se mettre chez eux.

Cette femme paraît intéressante.

Vu l'état de misère, la Mutualité Maternelle a accordé en plus de l'indemnité un secours de 50 francs.

Cette famille sera, en outre, recommandée à la Section.

M. 23.620. Statutaire, Charonne.

Enfants, 8 : 18, 15, 13, 12 ½, 10, 8, 5, 2 ans.

Mari : Ebéniste.

Gain : 6 francs par jour.

Observations : Bon accouchement par sage-femme du Bureau. La mère, pendant six mois de sa grossesse, a eté prise par des rhumatismes et souffrait aussi beaucoup du ventre. Le bébé est magnifique et vient bien. L'intérieur est modeste, mais propre et bien tenu. Loyer, 190 francs, composé de deux pièces. La femme paraît bonne ménagère et travailleuse ; elle fait tous les vêtements de ses enfants. La fille de 18 ans gagne 2 francs par jour.

Recommandée à la Section.

M. 31.895. Extra statutaire, Lariboisière.

Enfants, 3 : 8, 4 ans, 18 mois.

Mari : Plombier.

Gain : 5 francs.

Observations : Accouchement normal par sage-femme de la Mairie, Mme Richard. Loyer, 300 francs, une chambre avec cuisine au premier ; intérieur très simple et propre. L'enfant est beau, la mère se remet bien. L'aînée, qui a des crises d'épilepsie a dû être envoyée chez la grand'mère, à la campagne.

Cet intérieur semble malheureux, un peu de lait serait utile pour l'enfant de 19 mois.

Le garçon de 4 ans va à l'asile.

M. 24.938. Statutaire, Clignancourt.

Enfants, 5 : 16 ½, 13, 11, 5, 3 ans.

Mari : Fumiste.

Gain : 5 francs par jour.

Observations : Accouchement pas long, fait par une sage-femme de la Mairie. Le bébé va bien. Cette femme paraît bien portante mais très fatiguée. C'est son onzième enfant : 6 sont morts, 5 sont élevés.

La fille aînée gagne 0 fr. 75 ; le garçon de 13 ans est à Hendaye depuis trois mois. Le mari est souvent malade. Ils ont été obligés de vendre ce qu'ils avaient il y a trois mois. Elle a perdu, en trois jours, un enfant de neuf mois.

Ils habitent depuis cette époque deux chambres d'hôtel, 12 francs par semaine et cela est très dûr.

Cette femme voudrait pouvoir se remettre chez elle pour le demi-terme.

Elle a eu le linge prêté par la Section.

Cette dame a été recommandée à la Section.

M. 27.446. Statutaire, Bagnolet.

Enfants, 2 : 4, 2 ans.

Mari : Marchand de quatre-saisons.

Gain : 4 francs par jour.

Observations : Accouchement normal fait par la sage-femme de la Mairie. Le bébé va bien. Cette femme n'est pas forte, le mari n'a pas travaillé depuis huit jours pour soigner sa femme.

Ces gens habitent une baraque très malpropre. Loyer, 80 francs par an.

Ils me paraissent très malheureux ; le mari vend des légumes et depuis que sa femme est au lit, il a dépensé le peu d'argent qu'il avait pour la soigner ainsi que le bébé. Il ne pouvait plus acheter de marchandises pour revendre ; c'est une voisine qui lui a prêté 6 francs.

M. 25.459. Statutaire, Saint-Denis-Nord.

Enfants, 5 : 14, 9, 7 ½, 5, 3 ans.

Mari : Journalier.

Gain : 5 francs par jour.

Observations : Accouchement très long fait par la sage-femme de la Mairie. Le bébé va bien. Cette femme est très fatiguée, elle n'a pu avoir personne près d'elle, ses voisines étant malades ; elle s'est levée le lendemain pour allumer son feu.

Le garçon aîné travaille un peu, il gagne 0 fr. 50 par jour.

Ils habitent au deuxième étage un petit logement

Loyer, 170 francs.

M. 4.209. Statutaire, Clignancourt.

Enfants, 8 : 18, 14, 12 ½, 10, 7, 6, 4, 2 ans ½.

Mari : Plongeur.

Gain : 80 francs et nourri.

Observations : Accouchement très laborieux fait par une sage-femme de la Mairie. Les bébés vont bien. Cette femme est très fatiguée, elle souffre des privations qu'elle est obligée de s'imposer et cette couche double l'a tout à fait épuisée.

Il lui faudrait de la nourriture fortifiante, qu'elle ne peut acheter faute d'argent.

Le mari a le bras droit à moitié estropié et ne peut faire que le métier de plongeur. La misère règne dans cet intérieur.

Sa fille est près d'elle et le garçon gagne 25 francs par mois, et la fille, fleuriste, 2 francs par jour. Cette femme n'a pas demandé le linge à la Section.

Elle habite au deuxième un logement de 380 francs, propre, bien éclairé.

Elle espère recevoir les mois d'allaitement.

Recommander cette famille à la Section.

M. 32.646. Extra statutaire, Plaisance.

Enfants, 5 : 17, 15, 13, 10, 5 ans ½.

Mari : Gardien de la paix.

Gain : 200 francs par mois.

Observations : Accouchement normal fait à la Clinique Tarnier. Les bébés vont bien.

Cette femme est très fatiguée ; elle a eu une très mauvaise grossesse, de l'albumine ; on a dû la garder cinq semaines à la Clinique et elle paraît encore très faible.

Elle ne peut nourrir ses enfants. On lui fournit du lait stérilisé à la Clinique, mais c'est loin pour cette femme de l'envoyer chercher, elle voudrait pouvoir en avoir dans son quartier ; le garçon aîné est aux postes, il gagne 40 francs et la jeune fille gagne 2 francs.

Cette famille habite au troisième étage un logement de 320 francs de loyer. Cette femme aurait besoin de suralimentation ; mais elle ne peut pas, ses ressources sont trop minimes.

M. 32.969. Extra statutaire, Monge.

Enfants, 6 : 15, 13, 12, 8, 6, 4 ans.

Mari : Maçon.

Gain : 6 francs par jour.

Observations : Accouchement normal par sage-femme de la Mairie. L'enfant est beau et la mère va aussi bien que possible. Je l'ai déjà trouvée levée, vacant aux occupations de l'intérieur. Ces gens sont bien gênés en ce moment, voici trois semaines que le mari est forcément en grève, la femme ne peut encore reprendre son travail.

La fille de 15 ans est aussi chez Maggi ; elle gagne 1 franc par jour.

Elle va demander des mois de nourrice. Elle aura la Charité Maternelle.

RAPPORTS

sur la situation des Sociétaires extra statutaires provenant de Lariboisière.

Toutes ces femmes dont les rapports suivent, ont été enrôlées comme extra statutaire à Lariboisière, quand elles venaient à la consultation de cet hôpital pendant leur grossesse.

En trois mois, 300 femmes se sont fait inscrire. Faute de ressources, nous n'avons pu en accepter un plus grand nombre.

Toute femme est inscrite, à la condition de remplir les engagements contenus dans cette circulaire, dont voici la teneur :

CIRCULAIRE

REMISE A TOUTE FEMME DÉSIRANT SE FAIRE INSCRIRE A LA MUTUALITÉ MATERNELLE

Toute mère habitant dans le ressort de La Mutualité Maternelle *(Paris ou la banlieue) pourra si elle le désire, sur la présentation d'un certificat établissant qu'elle est venue à la consultation pendant sa grossesse, devenir membre* extra statutaire *de* La Mutualité Maternelle.

Dans ce cas, elle bénéficiera de tous les avantages de cette Société et touchera une indemnité de 15 *francs, plus une prime d'allaitement de* 10 *francs, soit* 25 *francs, à la condition expresse :*

1° *De présenter, si elle est accouchée dans une Maternité, un certificat établissant qu'elle n'a quitté l'hôpital qu'avec l'assentiment du médecin ;*

2° *De s'abstenir de tout travail pendant les* 15 *jours qui suivent sa sortie de l'hôpital. Cette abstention doit être contrôlée ;*

3° *De s'engager à continuer l'allaitement de son enfant et de le présenter à la consultation de nourrissons, soit à celle de la Section de la* Mutualité Maternelle *de son quartier, soit à celle de la Maternité de l'hôpital Lariboi-*

sière (43, boulevard de La Chapelle), le dimanche, à neuf heures.

Dans un cas urgent, La Mutualité Maternelle *accorderait un secours à la mère obligée de ne pas retourner au travail avant son accouchement sur l'avis motivé du médecin de la consultation.*

Toutes ces femmes, après leur accouchement, vont dans les Sections de la Mutualité Maternelle de leur quartier, elles jouissent de tous les avantages accordés à nos sociétaires, et sont assurées ainsi d'un aide et d'un appui jusqu'au sevrage de l'enfant.

Ces avantages, nous voudrions en faire profiter toutes les mères fréquentant les Consultations des Maternités. Quel immense bienfait serait ainsi ralisé !

M. 33.016. Extra statutaire, Lariboisière.

Enfant, 1 : 3 ans ½.

Domestique.

Gain : 30 à 35 francs pas mois.

Observations : Cette pauvre fille, qui a 26 ans et en paraît 40, est un peu faible d'esprit. C'est une bonne domestique pour les gros ouvrages, ses maîtres son contents d'elle.

Enceinte dans son cinquième mois, on l'a renvoyée; elle s'est trouvée dans la rue. Nous avons obtenu, par faveur spéciale, de la faire entrer à l'Allaitement Maternel, avenue du Maine, où elle est restée quatre mois.

La Directrice et l'Econome, m'en ont fait l'éloge, travailleuse et courageuse; mais comme elle ne gagnait rien elle n'a pu envoyer de l'argent à la nourrice qui a sa fillette de 3 ans ½. Elle doit donc quatre mois de nourrice.

Elle est accouchée chez une sage-femme de l'hospice Tarnier, elle en est sortie à son dixième jour, avec 0 fr. 45 pour toute fortune. Ne sachant que devenir, ne trouvant pas à se placer, elle est retournée à l'Allaitement Maternel, qui l'a envoyée à l'Aide Maternelle où elle va pouvoir passer un mois avec son enfant.

Mais ensuite, que deviendra-t-elle ? n'ayant aucun argent pour prendre une chambre, en attendant qu'elle trouve une place.

Elle est faible et pleure continuellement, me dit la Directrice de l'Aide Maternelle, ce n'est pas fait pour la remettre.

Elle n'a jamais revu le père qui, après sa dernière couche, devait reconnaître ses enfants.

Cette femme à qui on avait proposé de placer son dernier né dans une famille, pour l'élever et en faire l'abandon, s'y est refusée, c'est une bonne et excellente mère.

La Mutualité Maternelle va lui assurer les mois de nourrice de son enfant, lui trouver un logis et une place, va la sortir de cette misère.

M. 33.162. Extra statutaire, Lariboisière.

Enfant, 1 : 2 ans.

Mari : Garçon maçon.

Gain : 6 francs par jour.

Observations : Accouchement normal à Lariboisière. Loyer 150 francs, une chambre au rez-de-chaussée, très sombre et ayant peu d'air, local insuffisant pour cinq personnes, intérieur malheureux; la grand'mère n'a pas le secours de l'Assistance n'ayant pas l'âge voulu, et cependant elle est presque'aveugle.

L'enfant est beau, la mère se remet bien; l'aînée est délicate, elle a de la gourme et aurait besoin de soins.

Famille nécessiteuse quoique n'ayant que deux enfants, à cause de la grand'mère.

M. 33.672. Extra statutaire, Lariboisière.

Enfant, 1 : Nouveau né.

Le père a abandonné la mère.

Observations : Accouchement normal chez une sage-femme de l'hôpital Saint-Antoine. La mère et l'enfant se portent bien.

Loyer à l'hôtel, une chambre, 18 francs par mois.

Le père de l'enfant a abandonné cette femme au bout de cinq mois; elle est donc obligee de vivre avec ses 1 fr. 25, quand elle travaille; elle ne fait rien en ce moment.

Elle ne reçoit aucun secours.

Elle suit régulièrement la Consultation de la rue du Congo et ne voudrait pas se séparer de son enfant; aussi va-t-elle essayer de trouver de la dentelle à faire pour gagner quelques sous, en restant chez elle.

La recommander à la Section du Congo.

M. 32.042. Extra statutaire, Lariboisière.

Enfants, 3 : 4, 3 ans, 13 mois.

Mari : Plombier.

Gain : 5 francs par jour.

Actuellement le mari étant très malade ne gagne rien.

Observations : Accouchement normal à Lariboisière. L'enfant est beau et la mère, que j'ai trouvée chez elle, va assez bien.

Depuis son retour, son mari s'est alité, il est malheureusement atteint de la poitrine, le docteur le déclare perdu.

Cette pauvre femme, à peine rétablie, se fatigue et se désole; elle se voit plongée dans la misère avec ses quatre enfants. Elle ne peut même pas aller travailler, il faut qu'elle soigne son mari et ses enfants, celui de 4 ans a mal à une jambe; elle est plâtrée. Pendant son accouchement, ils sont restés chez une tante ; cette pauvre femme est affolée de se voir ainsi et aussi de ce que ses pauvres enfants soient trop près du père, ce qui est un danger pour eux.

C'était un homme travailleur, tout en étant malade depuis quelques mois d'un chaud et froid, qu'il aurait fallu sérieusement soigner, il ne s'est jamais arrêté de travailler jusqu'au jour où il s'est alité.

Ils habitent au 6e étage, deux pièces et cuisine; 330 fr. de loyer, qu'il lui sera impossible de payer sans le gain du mari.

Je la vois bien malheureuse avec ses enfants si gentils. Je lui donne le conseil de demander des mois de nourrice auxquels elle a droit et qu'elle ignorait.

Cette situation est bien intéressante.

Vu l'état de misère, la Mutualité Maternelle a accordé, en plus de l'indemnité, un secours de 50 francs en aliments, des vêtements, de la layette et de l'étoffe.

En outre, par l'intermédiaire de la Mutualité Maternelle, qui a donné à cet effet une somme de 100 francs, les enfants de cette pauvre femme ont été admis à l'Œuvre du Docteur Grancher, jusqu'à l'âge de 13 ans.

Le médecin qui soigne le père, tuberculeux au dernier degré, a dit qu'il y avait urgence à soustraire les enfants exposés à la contagion.

Le Maire du XVIIe arrondissement a donné 20 francs.

M. 26.706. Extra statutaire, Lariboisière.

Enfant, 6 : 16, 9 ½, 8, 6 ½, 5 ½, 3 ans.

Mari : A abandonné sa femme.

Observations : Bon accouchement à Lariboisière. L'enfant est bien portant et vient très bien. Cette femme a été abandonnée par son mari, la veille du terme de janvier avec ses six enfants et enceinte sans argent; elle a été expulsée, ses meubles sont restés dans la cour, 6, impasse Langlois, où elle habitait; ils ont été détruits par les pluies.

La malheureuse famille a été recueillie par les parents âgés où elle habite encore. Cette pauvre femme n'a plus rien et n'est pas remise de sa couche, elle a des abcès aux seins, ce qui l'empêche de nourrir son dernier né, qu'elle a dû mettre en nourrice à 25 fr. par mois. Elle fera des ménages quand elle sera en état, mais il ne lui sera pas possible avec son faible gain de nourrir tous ses enfants; il est vrai qu'elle espère obtenir une pension alimentaire de son mari, mais cela suffira-t-il ?

Ce père indigne avait la passion du jeu et ne rapportait presque pas d'argent à la maison, malgré son travail assez rémunérateur.

Cette pauvre femme, misérable et découragée, mériterait d'être aidée, ce serait une belle œuvre de lui donner quelque chose en supplément et de lui procurer une nourrice moins chère, car jamais elle ne pourra arriver. C'est la misère dans toute son étendue.

La petite fille de 5 ans ½ est muette.

Vu l'état de misère, la Mutualité Maternelle a accordé en plus de l'indemnité un secours de 20 francs.

M. . Extra statutaire. Lariboisière.

Enfants, 3 : 7, 4, 2 ans ½.

Mari : Serrurier.

Vivent maritalement.

Gain : 6 francs par jour.

Observations : Accouchement normal à Lariboisière. La mère se porte bien. L'enfant est estropié, il a les mains et les pieds bots, par suite d'une peur de la mère pendant sa grossesse. La petite fille de 7 ans a été brûlée; elle a été deux mois à Bretonneau et n'est pas encore guérie.

C'est son septième enfant; il lui en reste quatre et cette femme n'a que 27 ans.

Loyer 360 francs, deux pièces et une cuisine au premier étage, bien aérées.

Elle va déménager pour prendre un logement meilleur marché et qui sera beaucoup moins clair.

Mais cette femme ayant été malade pendant sa grossesse par suite de la frayeur qu'elle a eue, n'a pas pu travailler et n'a pu payer son terme.

Le propriétaire leur a donné congé et va les faire saisir.

La mère vit maritalement. Il y a des jours où l'homme ne travaille pas, ce qui apporte la gêne dans la maison.

Elle a demandé un secours à la Mairie, qui lui a été refusé.

M. 31.903. Extra statutaire, Lariboisière.

Enfant, 1 : 2 ans ½.

Mari : Charbonnier.

Gain : 5 francs par jour.

Observations : Accouchement normal à Lariboisière. L'enfant assez fort, la mère que j'ai trouvée rentrée chez elle, va assez bien ; je l'ai trouvée aux soins de son enfant.

Ces gens ne sont pas heureux. Depuis quelque temps le mari est sans travail ; il fait ce qu'il trouve à faire, mais cela ne suffit pas aux besoins de la famille.

Dans ce cas, c'est la misère ; la femme ne peut rien faire, il faut qu'elle élève son enfant, car où elle habite, une crèche est très éloignée.

Ils habitent un quartier isolé, loin de tous, dans une vieille maison. 180 francs de loyer, deux pièces ; intérieur malheureux.

M. 33.156. Extra statutaire, Lariboisière.

Enfants, 6 : 22, 20, 17, 16, 12, 9 ans.

Mari : Est presque aveugle et ne peut travailler.

Observations : Mauvais accouchement chez elle. Cette femme a 48 ans, son dernier enfant a 9 ans ; elle a beaucoup souffert, le bébé vient bien. Ce ménage n'est pas riche et bien éprouvé, le mari ne peut se livrer à aucun travail, il n'y voit presque pas, et sur 6 enfants, 2 seulement voient clair, les autres tiennent du père. Le garçon de 22 ans est au régiment, celui de 20 ans ne peut travailler à cause de sa vue, celui de 17 ans gagne 3 francs par jour et celui de 16 ans gagne 2 fr. 50. La mère est concierge et gagne 800 francs, mais elle doit payer 400 francs, dit-elle, pour loger ses enfants.

Cette femme est bien à plaindre. Le ménage est mal tenu, la propreté laisse beaucoup à désirer.

Vu l'état de misère, la Mutualité Maternelle a accordé en plus de l'indemnité, un secours de 20 francs en aliments.

M. 32.369. Extra statutaire, Lariboisière.

Enfant, 1 : 2 ans ½.

Mari : Chiffonnier.

Gain : 4 francs pour les deux, par jour.

Observations : Accouchement normal à Lariboisière. Loyer, 8 fr. 50 par mois pour une chambre au premier, avec cour pour resserre ; la chambre est petite et répugnante, elle a peu d'air et on se demande comment ces quatre personnes peuvent vivre dans ce taudis.

L'enfant est bien vivante ; la mère se remet bien. Les deux enfants sont laissés sous la garde d'une voisine pendant l'absence du matin pour le travail des parents.

M. 31.891. Extra statutaire, Lariboisière.
Enfants, 3 : 15, 12, 3 ans.
Mari : Garçon maçon.
Gain : 6 francs par jour.

Observations : Accouchement normal par sage-femme. L'enfant vient très bien, cette pauvre femme est affligée de varices au dernier degré ; l'Assistance lui a fait avoir des bas qui lui tiennent les jambes et les cuisses. Depuis trois ans elle ne peut plus travailler. Elle a en plus des coliques hépatiques et a beaucoup souffert. Cette femme est très méritante. Le mari ne peut venir manger à la maison, son travail étant trop loin, ce qui fait que l'argent est très rare à la maison, lorsque les frais de loyer, l'entretien et la nourriture de toute la famille sont retirés. L'intérieur est très propre. Cette pauvre femme aurait voulu obtenir les mois d'allaitement, elle en a fait la demande, mais elle n'espère pas beaucoup.

Le mari gagne 6 francs par jour ; mais il a une bronchite chronique et doit souvent chômer l'hiver. Cette femme a perdu 4 enfants, dont 2 de la poitrine. Le loyer est de 290 francs : deux pièces et une cuisine, le tout très aéré.

M. 32.044. Extra statutaire, Lariboisière.
Enfant, 1 : Nouveau-né.

Observations : Accouchement normal, mais long, par sage-femme de l'hôpital. Cette dame est rentrée lundi chez elle ; elle se remet lentement. Intérieur propre. Une seule chambre à l'hôtel. Loyer, 7 francs par semaine. Le mari gagne 50 francs par semaine, mais il est sans travail en ce moment. Ces gens sont très intéressants, pas riches, mais paraissant très honnêtes et ont de bonnes intentions. Sitôt qu'ils auront l'argent nécessaire, ils se mettront dans leurs meubles. L'enfant est belle et bien portante.

Recommandée à la Section du Temple.

M. 31.776. Extra statutaire, Lariboisière.
Enfant, 1 : 1 an.
Mari : Employé de commerce.
Gain : 5 francs par jour.

Observations : Accouchement normal à Lariboisière.

L'enfant est beau ; la mère va assez bien ; je l'ai trouvée rentrée chez elle. Cette femme, pour conserver son travail, met son enfant en nourrice avec l'espoir qu'il sera bien, elle paiera 25 francs par mois.

Ils habitent au cinquième étage une seule petite pièce mansardée, 110 francs de loyer.

Intérieur malheureux, absolument que l'indispensable.

M. 31.777. Extra statutaire, Lariboisière.

Enfant, 1 : 2 ans.

Mari : Coiffeur.

Gain : 4 francs par jour.

Observations : Accouchement normal à Lariboisière. Enfant bien beau et la mère, que j'ai trouvée rentrée chez elle, va très bien. Ils ne sont pas bien heureux.

Le mari ayant été aux colonies, est souvent malade ; il a été quatre mois cet hiver sans pouvoir travailler. Il n'en a pas moins fallu manger et payer un loyer de 200 francs au cinquième, une seule pièce où il n'y existe que l'indispensable et c'est tenu quand même très propre.

La petite de deux ans est à la campagne chez ses grands parents où elle va y passer l'été, car le logement trop petit ne permet pas de la garder ; si le mari travaillait plus régulièrement, ils se logeraient avec deux pièces.

M. 32.561. Extra statutaire, Lariboisière.

Enfants, 4 : 18, 14, 12 ans, 18 mois.

Mari : Homme de peine.

Gain : 5 fr. 75 par jour.

Observations : Accouchement normal chez elle, après avoir été soignée à Lariboisière. L'accouchée a beaucoup souffert pendant sa grossesse, ce qui fait que la nouvelle-née est petite, mais elle vient bien, et la mère est en bonne santé.

C'est son septième enfant, dont deux fausses-couches. Pendant ces quatre dernières années, cette femme en a eu quatre, ce qui l'a beaucoup fatiguée ; elle ne peut marcher beaucoup sans fatigue.

Elle vit maritalement avec le père des trois derniers, qu'il a reconnus.

Les deux autres sont du premier mari avec qui elle est divorcée. L'aînée de 18 ans est retournée vers son père.

Le père des enfants travaille à Billancourt, ce qui fait des frais de locomotion.

Loyer, 230 francs ; deux petites pièces mansardées, sans cuisine.

L'enfant de 18 mois souffre des jambes ; il ne marche pas du tout et la petite fille de 4 ans revient de Berck, où elle est restée quatre mois ; tous deux sont rachitiques.

Famille très nécessiteuse, obligée à beaucoup de privation.

M. 32.236. Extra statutaire, Lariboisière.

Enfants, 3 : 7, 5, 2 ans.

Mari : Malade (est à la campagne).

Observations : Accouchement normal à Lariboisière. L'enfant est petit et la mère, qui est rentrée chez elle, va assez bien. Cette pauvre femme est bien malheureuse. Le mari, malade de la poitrine, est depuis plusieurs mois à son pays ; il n'y a aucun espoir. C'est avec 2 francs par jour qu'il a fallu, depuis ce temps, vivre avec ses enfants, et bien des privations.

Elle habite en hôtel meublé depuis longtemps, le mari ayant été très souvent malade.

Elle paie 20 francs par mois de loyer. il est impossible qu'elle puisse suffire avec ses quatre enfants. Elle va demander des mois de nourrice, elle a la Charité Maternelle.

Elle reçoit des sœurs des bons de lait et pain. Elle a touché 20 francs de secours de couches. Elle a écrit à la Société protectrice de l'Enfance ; une personne est venue qui a promis que l'on allait s'occuper d'elle.

Elle paraît digne d'intérêt.

M. 33.114. Extra statutaire, Lariboisière.

Enfants, 2 filles : 19 ans, 3 ans ½.

Mari : Etait voyageur. Sans travail.

Observations : Accouchement normal. fait par une sage-femme. L'enfant est beau, bien portant ; la mère est bien faible encore. Elle, son mari et ses enfants sont hospitalisés chez des amis. Ces gens sont sans abri, sans meubles; il ne leur reste rien. Tout a été vendu pour partir à Bruxelles. La vente avait produit 200 francs, qui ont servi aux frais de voyage. Le mari avait obtenu l'autorisation de vendre des cartes postales à l'Exposition de Bruxelles, mais il n'a fait que des recettes insignifiantes. On a dû rapatrier cette famille.

En outre des enfants mentionnés dans le questionnaire, il y en a 3 autres appartenant au mari ; l'aîné est au régiment ; le second, 15 ans, vient d'avoir la main écrasée à l'imprimerie dans laquelle il fait son apprentissage. Il y a une fillette de 12 ans qui reste à la maison.

Ces gens sont dans la misère et ne voient pas le moyen d'en sortir.

M. 32.805. Extra statutaire, Lariboisière.

Enfants, 3 : 13, 9, 6 ans ½.

Mari : Employé.

Gain : 2,700 francs par an.

Observations : Accouchement normal, mais long, à Lariboisière. L'enfant est très beau. Loyer : 500 francs, trois pièces et une cuisine, au cinquième, sur la rue ; intérieur assez confortable et très bien tenu.

Ces gens étaient assez aisés en travaillant, mais depuis deux ans la femme est incapable de se livrer à aucun travail. Elle est tombée avec une bouteille et un morceau de verre lui est resté dans le pouce à son insu, lui a coupé l'os ; elle a atrocement souffert et a dû se faire opérer.

La grossesse a été très pénible. Par suite de tous ces ennuis, ils sont maintenant dans une grande gêne et ne savent comment en sortir.

M. 31.783. Extra statutaire, Lariboisière.

Mari : Homme de peine.

Gain : 4 francs par jour.

Observations : Accouchement normal à Lariboisière. L'enfant est beau et la mère que j'ai trouvée rentrée chez elle, va assez bien. Ils habitaient Ivry ; ils ont dû partir chassés par 1 m. 80 d'eau.

Ils habitaient un rez-de-chaussée ; ils ont pu monter au premier à la hâte quelques objets, mais tout le reste a été perdu.

Ils n'ont reçu aucun secours. Avec le peu d'argent qu'ils possédaient ils ont été obligés d'acheter un peu de mobilier ; absolument que l'indispensable.

Ils ont été du 10 janvier au 7 février sans pouvoir pénétrer chez eux.

Ils habitent maintenant à Paris, au troisième étage, deux pièces, 200 francs de loyer ; intérieur tenu propre.

Le mari a pris du travail comme il a pu le trouver, sans quoi c'eut été la misère.

M. 31.900. Extra statutaire, Lariboisière.

Enfants, 5 : 10, 8, deux de 6 ans, 26 mois.

Mari : Employé à la Société du Gaz, à Paris.

Gain : 7 francs par jour.

Observations : Accouchement normal fait chez une

sage-femme de Lariboisière. Le bébé va bien. Cette femme paraît bien aller. Elle a beaucoup de mal ; sa mère est au lit, elle a une phlébite et le mari vient d'avoir une fluxion de poitrine. Ces gens me paraissent intéressants. Les enfants sont bien tenus.

Ils habitent au deuxième étage un logement de 250 fr. de loyer.

M. 31.781. Extra statutaire, Lariboisière.
Enfants, 4 : 15, 13, 11, 6 ans.
Mari : Emballeur.
Gain : 5 francs par jour.

Observations : Accouchement à Lariboisière. L'enfant est petit, mais bien venant ; la mère, que j'ai trouvée rentrée chez elle, est bien remise. Ils habitent au cinquième étage. 200 francs de loyer, deux pièces. C'est bien trop petit pour la famille, aussi ils ont l'intention de déménager ; il leur faudra 100 francs de plus.

Ils ont un intérieur très modeste, tenu propre. Elle aura des mois de nourrice ainsi que la Charité Maternelle.

M. 31.519. Extra statutaire, Lariboisière.
Enfant, 1 : Nouveau-né (doit quitter le père de l'enfant).

Observations : Accouchement normal fait à l'hôpital Saint-Louis. Le bébé va bien. Cette fille va très bien ; elle veut élever son enfant tout en continuant de travailler. Jusqu'à ce jour, elle a vécu avec le père de son enfant et c'est cela qui est la cause qu'elle ne peut recevoir de l'Assistance. Cette fille me dit qu'elle ne va pas rester avec le père de son enfant parce qu'il est toujours malade et ne la rend pas heureuse ; mais je ne crois pas qu'elle y arrive, parce qu'elle ne travaille pas en ce moment et c'est lui qui paye le logement et la nourriture. Une chambre au sixième étage, 120 francs de loyer.

M. 33.014. Extra statutaire, Lariboisière.
Enfants, 2 : 2, 1 an.
Vit maritalement.
Gain : 4 francs par jour.

Observations : Accouchement normal à Lariboisière. Loyer, 15 francs par mois, pour une baraque sur terrain vague, avec une mauvaise voiture dans laquelle loge la belle-mère ; les enfants et leur mère couchent derrière la baraque sur un seul lit.

La mère vit maritalement avec le père des enfants qui n'a reconnu que l'aîné. Il gagne 4 francs par jour et les deux femmes 1 franc environ, en vendant des sucreries aux enfants.

C'est la misère ; les deux aînés sont bien malingres, ils ont les jambes torses.

L'Hôpital a donné une demi-layette.

M. 32.725. Extra statutaire, Lariboisière.

Enfant, 1 : Nouveau-né (est abandonné par le père).

Accouchement normal à Lariboisière. La mère est encore bien faible, mais l'enfant est beau.

5 francs de loyer par semaine, à l'hôtel, une chambre au rez-de-chaussée, sale et misérablement meublée.

Cette femme a été abandonnée par le père de son enfant, qui va partir soldat cette année. Elle n'a donc aucun espoir que son enfant soit légitimé.

Elle est dans une grande misère.

M. 31.967. Extra statutaire, Lariboisière.

Enfant, 1 : Nouveau-né.

Est abandonnée par le père de l'enfant.

Observations : Accouchement normal à Lariboisière. Enfant superbe. La mère, que j'ai trouvée rentrée chez elle, va bien doucement, elle est d'une santé qui laisse bien à désirer. Elle ne peut se marier avec le père de son enfant, qui l'a abandonnée, de sorte que cette pauvre fille se trouve bien ennuyée. Désireuse de donner de bons soins à son enfant et n'ayant que son travail pour l'élever, elle le mettra dans une crèche le temps qu'elle sera absente. Depuis son accouchement et deux mois avant, elle s'est vue forcée de cesser de travailler, ce qui l'a mise dans la misère.

Elle est très malheureuse, n'a aucun argent : ce sont les voisins qui, depuis son retour de l'hôpital, lui donnent de la nourriture.

Aussi, combien elle a été heureuse des 7 francs que je lui ai portés, de se croire un peu moins à charge aux autres : elle sera forcée de reprendre du travail bientôt, mais en aura-t-elle la force ?

Elle habite une chambre, 200 francs de loyer, qu'elle va être obligée de réduire, ne pouvant plus payer aussi cher.

Elle va demander au plus vite des secours à la Mairie.

RAPPORT

sur

la situation des Femmes des Soldats mariés du Contingent.

La Mutualité Maternelle à laquelle on avait signalé l'état de misère des femmes des soldats mariés du contingent, n'a pas hésité encore à acccepter comme extra statutaire toutes les femmes de soldats mariés. Six sections sont fondées, dirigées par les femmes des officiers (1).

Les rapports qui suivent donneront une idée des misères qui ont été découvertes dans ces milieux.

Il y a urgence à ce que tous les régiments soient pourvus de Sections militaires de la Mutualité Maternelle ; il est facile aux chefs de corps, dans le département de la Seine, de les fonder, puisque la Mutualité Maternelle en assume toutes les charges.

La circulaire de M. Sarrault, engageant les chefs de corps à s'affilier avec notre Société, a eu pour effet de nombreuses demandes de renseignements de la part des chefs de corps en province.

Mais à Paris, on reste toujours dans le même état, six sections seulement sont fondées.

Le nouveau contingent, nous dit-on, comportera encore un plus grand nombre de ménages, c'est encore des misères plus nombreuses qu'il faudra soulager.

La Mutualité Maternelle est toute prête à accueillir toute demande qui lui sera faite pour Paris et Versailles.

S'il était utile de démontrer encore la nécessité d'une intervention en vue de secourir les femmes de nos soldats, nous publions la lettre que nous venons de recevoir :

« MONSIEUR LE PRÉSIDENT DE LA MUTUALITÉ MATERNELLE,

« Je vous soumets le cas de Mme H..., Plaine-Saint-« Denis, dont le mari est parti le 4 octobre au 66e régi-« ment d'infanterie, à Tours.

« Cette personne dit, qu'à la Mairie, où elle a demandé « le secours militaire de soutien de famille, on lui a

(1) Demander la brochure sur la situation des Femmes des Soldats mariés, au Siège social, 39, rue des Petits-Champs.

« répondu qu'elle ne pourrait recevoir ce sécours qu'à « partir de *Mars prochain, soit cinq mois après le départ « de son mari*, qui la laisse sans ressources.

« Mme H.... va avoir un enfant en décembre prochain, « elle a déjà un enfant de 2 ans, pour lequel elle donne « 7 francs par semaine ; vu sa grossesse avancée, elle ne « peut trouver de travail dans les usines, elle est obligée « d'aller de La Plaine-Saint-Denis à Saint-Ouen, chaque « jour, pour gagner *un franc*. Il faut qu'elle vive, elle et « son enfant.

« Je vous demande quelles démarches il faut faire pour « lui faire obtenir son secours militaire, car cette pauvre « femme n'a pas de pain suffisant pour se nourrir.

« X..... »

Le nécessaire a été fait pour secourir cette malheureuse femme. La Mutualité Maternelle va payer l'entretien de son enfant et hospitaliser la mère au refuge de Madame Bequet de Vienne. Quant au secours militaire, les démarches seront faites pour obtenir une avance de paiement.

L'Inspectrice chargée des enquêtes sur les femmes des soldats mariés, du dernier contingent (1910), nous fait part des situations misérables qu'elle a rencontrées :

« MONSIEUR LE PRÉSIDENT,

« La misère parmi toutes les femmes est aussi grande « que pour le contingent de l'année dernière.

« Je rentre tous les soirs, navrée des misères que je « rencontre. J'ai dû donner des secours immédiats que « vous voudrez bien approuver. J'ai signalé à nos Dames « des Sections militaires ces cas particuliers, qui nécessitent leur intervention.

« Il était temps d'intervenir, car toutes ces pauvres « femmes et leurs enfants seraient morts de faim.

« — Là, c'est la femme d'un soldat du 76e, Mme B..., « rue Ménilmontant.

« Elle a deux enfants, le dernier est nourri au sein par « la mère. Nous l'avons trouvée dans un état désespéré, « pleurant, ne sachant ce qu'elle allait devenir ; le jour « où je me suis présentée, cette femme avait déjeuné « avec une botte de cresson. L'indemnité militaire lui est « assurée, elle est très courageuse et envisage avec moins « d'effroi l'absence de son mari pour deux ans, depuis « que je l'ai assurée qu'on s'occuperait d'elle. Je l'ai « envoyée manger à la Cantine Maternelle, rue Ramponneau, qu'elle ignorait.

— « Mme C..., rue Clisson (76e), ne touche pas l'indemnité militaire, 2 enfants.

« Un des enfants étant malade, la mère, une brave « femme, très propre, se lamentait sur le sort qui lui « était réservé. J'ai pu intéresser à son sort une personne « du XIIIe arrondissement. Ne pourrait-on faire des dé« marches pour obtenir du Ministère l'indemnité mili« taire ?

— « Mme B..., rue de Lagny. Cette femme venait d'ac« coucher ; elle était sans ressources avec 2 enfants, dont « le dernier, chétif, était malade.

« Depuis ma visite, j'ai appris qu'il était mort.

— « Mme M.... Cette femme est enceinte, avec une petite « fille de 3 ans. Cette pauvre femme est presque aveugle. « Grande misère.

— « Mme D..., impasse de l'Ile-deFrance, mère de 2 en« fants, ne touche pas l'indemnité militaire. Misère.

— « Mme R..., rue des Maronites. Nourrit un enfant de « 5 mois, gagne à peine 1 fr. 50 par jour. Deux mois avant « l'incorporation de son mari, ce jeune homme a été « malade, il est allé avec sa femme à l'hôpital Tenon, où « ils sont restés avec leur enfant.

« Elle est sortie de l'hôpital encore souffrante ; elle se « tourmente pour son loyer en retard, elle craint qu'on ne « la mette dehors.

« Je vais la recommander à l'Abri.

— « Mme R..., rue des Maronites, nourrit un enfant de « 5 mois ; elle gagne à peine 1 fr. 50 par jour. Ne touche « pas l'indemnité militaire.

« Cette femme n'a pas de lit, elle couche par terre. Elle « en avait un, acheté à crédit, mais comme elle n'a pas « pu continuer à payer le marchand, il a été repris.

« Je m'occupe de lui faire avoir un lit.

« J'en aurai encore bien d'autres à vous signaler. Vous « prendrez connaissance des rapports qui seront bientôt « terminés.

« Monsieur le Président, je ne puis finir ma lettre qu'en « vous suppliant d'intervenir au plus tôt près de ces pau« vres femmes.

« Mme MAZURE,

Inspectrice des Sections de la Mutualité Maternelle Militaire. »

M. 31.637. Extra statutaire, 128e de ligne.

Enfants, 3 : 3 ans, 19 mois, 8 mois.

Mari : Charretier.

Gain : 5 francs par jour.

Observations : Loyer, 180 francs par an. Cette femme habitait l'hôtel, d'où la Mutualité Maternelle l'a aidée à sortir. Elle est maintenant installée dans un petit logement avec ses enfants.

Un lit a été acheté pour les parents; une table et des chaises.

L'Abri a donné un lit pliant, une malle, de la laine pour faire un matelas.

Madame Fabri a donné 100 francs pour divers achats de linge et couvertures.

Il a été donné de la layette.

Depuis un an, cette femme est entièrement soutenue par la Mutualité Maternelle, qui lui a souvent envoyé des secours d'argent et des bons de lait.

Vu l'état de misère, la Mutualité Maternelle a accordé un secours de 50 francs en plus de l'indemnité.

M. 32.559. Extra statutaire, 102e de ligne.

Enfants, 3 : 6, 4, 2 ans.

Mari : Cocher.

Gain : 5 à 6 francs par jour.

Observations : Cette femme m'a été recommandée par la Ligue des Mères de famille. Je l'ai trouvée dans une misère épouvantable, sans un sou chez elle; les enfants n'avaient pas eu de lait le matin et la mère se désolait à cause de celà.

Elle avait 4 bons de fourneau qui étaient destinés aux repas de la journée ; elle ne savait pas comment faire pour aller jusqu'à la fin du mois. Elle avait préparé du linge qu'elle devait laver à l'eau froide, n'ayant pas de charbon pour faire chauffer de l'eau.

Son intérieur est excessivement propre, les enfants remarquablement bien tenus.

Les enfants ont la coqueluche, la mère n'a pas de travail ; elle était allée en livrer pour 2 fr. 25 mardi dernier ; mais la porte était fermée et l'on priait les ouvrières de revenir dans huit jours. Cette femme comptait sur cette petite somme.

C'est une des misères les plus intéressantes que j'ai vues.

Le régiment lui a envoyé deux fois 20 francs ; elle touche le secours militaire.

Vu l'état de misère, la Mutualité Maternelle a accordé un secours de 20 francs en plus de l'indemnité.

M. 31.177. Extra statutaire, 120e de ligne.

Enfants, 4 : 10, 7, 5, 2 ans ½.

Mari : Violoniste (est malade).

Gain : Néant pour le moment.

Observations : Accouchée à Lariboisière, a été inscrite à la section Hôtel de Ville, envoyée par l'Assistance. Cette femme est seule et n'a rien pour nourrir ses enfants. Son mari est soldat à Saint-Denis, 120e de ligne.

Loyer, 5 francs par mois, dans une baraque sur la zone. Cette pauvre femme a encore trouvé 3 francs pour payer sa cotisation, mais elle n'a plus un sou chez elle.

Son mari, comme soutien de famille, ne fait qu'un an et cela l'empêche de toucher son secours militaire.

Pendant ses 11 jours à l'hôpital, on a donné, au régiment, une permission au mari, afin qu'il puisse garder ses enfants pendant ce temps.

M. L... a été élevé par des étrangers qui n'ont même pas pu lui dire s'il avait un nom ; il était orphelin et personne n'a connu sa famille. Il s'est présenté afin de faire son temps de soldat et c'est à ce moment qu'on a cherché et trouvé son nom de naissance.

Vu l'état de misère la Mutualité Maternelle a accordé un secours de 20 francs en plus de l'indemnité.

M. . Extra statutaire, 101e de ligne.

Enfant, 1 garçon : 18 mois.

Mari : Cambrurier.

Gain : 4 à 5 francs par jour.

Observations : Paie 160 francs de loyer, doit 2 termes. Le jeune soldat a été réformé n° 2, le 14 avril 1910, c'est-à-dire qu'il n'a droit à aucune indemnité. Il est tuberculeux, complètement alité et condamné par le médecin. Sa jeune femme est sans ressources et peut à peine travailler.

Ce jeune homme dit avoir contracté son mal en procédant au sauvetage à Issy-les-Moulineaux, où il a passé plusieurs jours, très mouillé, sans pouvoir se changer.

C'est une misère profonde, la seule aide que ce jeune ménage ait trouvée est auprès de la mère du jeune homme qui consent à garder l'enfant momentanément.

Vu l'état de misère, la Mutualité Maternelle a accordé un secours supplémentaire de 20 francs.

M. . Extra statutaire, 103e de ligne.

Enfants, 2 : 3 ans, 20 mois.

Mari : Mécanicien.

Gain : 6 francs par jour.

Observations : 260 francs de loyer, ne doit rien à son

propriétaire, mais ne paie pas d'avance ; dans la maison depuis quinze mois, touche l'indemnité militaire. Cette femme fait actuellement des chemises d'homme, la confection n'allant pas.

Le plus jeune des enfants est malade, sa mère passe tous les matins deux heures pour lui donner les soins qui lui sont nécessaires, ensuite elle le conduit à la crèche pour pouvoir travailler.

Je crois que son seul désir serait de placer quelque part le plus jeune de ses enfants, qui est rachitique et qui lui donne beaucoup de mal ; mais il est très difficile de lui être agréable, l'enfant étant trop jeune pour être envoyé dans un hôpital maritime et trop jeune également pour être placé dans un asile temporaire.

Si la mère voulait abandonner l'indemnité militaire qu'elle touche, on pourrait peut-être, en ajoutant quelque chose tous les mois, le placer à la campagne. Je chercherai celà.

M . Extra statutaire, 28ᵉ de ligne.

Enfants, 2 : 4, 2 ans.

Mari : Clerc d'Avoué.

Gain : 90 francs par mois.

Observations : Accouchement aux fers, ce qui a été la cause de la mort de l'enfant ; il a eu une méningite. La mère est restée 21 jours après l'accouchement. Rentrée chez elle, le docteur lui a donné un certificat comme quoi elle est d'une extrême faiblesse et qu'elle ne pourra faire aucun travail pendant au moins deux mois.

Ce certificat avait été donné au mari pour qu'il le montre au capitaine afin d'avoir une permission pour être auprès de sa femme, et son patron a, de même, donné un certificat comme quoi il l'emploierait le temps de sa permission.

Toute permission lui a été refusée, il trouve cela incompréhensible, n'ayant jamais eu aucune punition ; il en est très découragé. Sa femme se trouve sans aucune ressource et malade ; de plus, il va leur être rendu leur enfant de 4 ans qui est à l'hôpital, il est dans le plâtre. Cette femme se demande comment elle va faire, elle et son enfant malade et sans ressources. Elle n'a que l'indemnité de 0 fr. 75 par jour.

Ils sont en hôtel, 7 francs par semaine.

Ces gens se trouvent dans une situation digne de beaucoup d'intérêt.

Vu l'état de misère, il a été accordé par la Mutualité Maternelle, en plus de l'indemnité, un secours de 50 fr. en nature.

M . Extra statutaire, 28e de ligne.

Enfants, 2 : 3, 2 ans.

Mari : Clerc d'Avoué.

Gain : 120 francs par mois.

Observations : A l'hôtel, 7 francs par semaine ; doit deux semaines. La Mutualité Maternelle a donné environ 30 francs pour aider cette femme à payer son loyer et à ne pas mourrir de faim jusqu'à son entrée à l'Allaitement Maternel. Son petit garçon a les pieds bots, on va demander des chaussures spéciales à l'Assistance publique qui les a accordées. On l'a placé à l'Asile temporaire de la rue Gergovie pendant l'absence de sa mère.

Le jeune soldat est entré à l'hôpital, il est très malade (tuberculeux). Cette femme se désole, ne sachant ce qu'elle va devenir.

M. . Extra statutaire, 103e de ligne.

Enfant, 1 : 19 mois.

Mari : Tourneur.

Gain : 5 à 6 francs par jour.

200 francs de loyer, une seule chambre au premier, sur la cour. Cette femme est souvent malade. Elle m'a avoué avoir mis son enfant en nourrice, ne pouvant lui donner régulièrement ce qui lui était nécessaire.

Quand elle n'a rien à manger, elle sort à l'heure des repas, la faim la tiraillant moins dehors que chez elle.

Elle est couturière, mais son mauvais état de santé l'oblige à travailler chez elle. En ce moment, elle finit des chemises militaires qui lui sont payées 2 centimes ½ la chemise, quand elle a fait 1 fr. 50 de travail, elle a 0 fr. 15 de fil.

La charge est très lourde à l'aller et au retour. Dans sa maison, il y a une autre femme de soldat, mère de deux enfants et sur le point d'en avoir un troisième. Comme sa grossesse la rend presque impotente, c'est sa voisine qui se dévoue et va chercher l'ouvrage pour elles deux.

Elle a toutes les misères, même celle du linge, pas de draps pour changer son lit. La Mutualité Maternelle lui a envoyé deux chemises, un jupon, un tricot et de l'étoffe pour se faire une robe, afin qu'elle puisse trouver de l'ouvrage de son métier et payer ses mois de nourrice.

M. . Extra statutaire, 101e de ligne.

Enfants, 2 : 4, 2 ans ½.

Mari : Mécanicien.

Gain : 6 francs par jour.

Observations : 200 francs de loyer, deux pièces au rez-de-chaussée. Intérieur très modeste, mais assez bien tenu. L'aîné des enfants est quelquefois gardé par sa grand'-mère, le cadet se porte bien, mais le plus jeune est très délicat.

Touche son indemnité militaire, plus 15 francs par mois de secours d'allaitement du Bureau de bienfaisance.

La mère gagne à peine 0 fr. 50 par jour. Il lui faut deux litres de lait pour ses enfants et le plus souvent c'est insuffisant.

Cette femme n'a plus de vêtements ni pour elle ni pour ses enfants. Elle est de santé très délicate et aurait besoin de grands soins.

Vu la situation absolument désespérée de cette femme, la Mutualité Maternelle a accordé 50 francs de secours pour être distribués en aliments par la Section où la mère se rend à la consultation.

Vu, l'état de misère, la Mutualité Maternelle a accordé un secours de 50 francs.

M. . Extra statutaire, 89ᵉ de ligne.

Enfant, 1 : 2 ans .

Observations : 140 francs de loyer, payé d'avance ; depuis 2 ans dans la maison. Touche l'indemnité militaire. Prend ses repas avec sa belle-mère, et trouve le moyen de vivre avec ses 0 fr. 75 par jour. Cette femme est sur le point d'accoucher. je la crois tuberculeuse.

Elle n'a même pas de lit pour coucher son enfant ; son intérieur est d'une saleté repoussante.

Je l'ai engagée à rentrer dans un ouvroir, mais elle s'y est refusée ; elle ira accoucher à l'hôpital et m'a promis d'entrer en convalescence à l'Aide Maternelle.

Il faudrait lui donner de la layette.

Vu l'état de misère, la Mutualité Maternelle a accordé un secours de 25 francs.

M. . Extra statutaire, 104ᵉ de ligne.

Enfants, 2 : 3 ans, 20 mois.

Mari : Plombier.

Gain : 6 francs par jour.

Observations : Loyer, 280 francs par an, deux pièces et une cuisine. Elle habitait un misérable rez-de-chaussée, si humide que tout moisissait et tombait en ruines. Les enfants étaient malades à cause de l'insalubrité du logement.

Il a fallu tout brûler et détruire; par conséquent, acheter un autre petit mobilier et aider la famille à payer trois mois de loyer d'avance.

La Mutualité Maternelle a fait un don de 100 francs, la famille a elle-même donné 20 francs, grand effort, étant donné la modicité de ses ressources, et l'Abri a donné un secours de 47 fr. 50.

Le jeune soldat terminera son service militaire au mois d'octobre prochain, il retrouvera donc un foyer, il est presqu'assuré de rentrer à la Compagnie du Gaz et pourra en travaillant continuer le sauvetage de la Mutualité Maternelle.

Vu l'état de misère, il a été accordé par la Mutualité Maternelle un secours de 100 francs.

M. 31.370. Extra statutaire, 46e de ligne.

Enfant : Le nouveau-né.

Mari : Ouvrier en meubles.

Gain : 5 à 6 francs par jour.

Observations : Ne touche pas l'indemnité militaire. Cette jeune femme, orpheline depuis l'âge de 15 ans s'est mariée à 15 ans ½. Elle est donc mère à 17 ans. Elle est atteinte de crises d'épilepsie.

Elle a passé cinq mois à la Salpêtrière avant sa délivrance ; est accouchée à la clinique Baudeloque ; le docteur espère que la naissance de son enfant la guérira. En ce moment elle est sans asile. La Mutualité Maternelle va faire le nécessaire pour lui constituer un foyer.

Avec l'aide du régiment, qui a payé le terme d'avance et donné le denier adieu à la concierge, cette femme a été installée chez elle ; on lui a donné un lit complet, des draps et couvertures ; une table, des chaises ; des vêtements pour elle et son enfant.

Après son accouchement, elle était allée en convalescence à l'Aide Maternelle, mais une nuit elle a eu une crise d'épilepsie et on a été obligé de la renvoyer.

M. . Extra statutaire, 104e de ligne.

Enfants, 4 : 6, 4, 2 ans, 3 mois ½.

Mari : Mécanicien.

Gain : 7 francs par jour.

Observations : 240 francs de loyer, deux pièces et une cuisine, au 3e étage, sur la rue. Intérieur assez bien tenu; les enfants étaient propres. L'enfant de deux ans est à l'hôpital pour la rougeole. La petite fille de 6 ans est actuellement à Berck pour une tumeur au genou, mais elle reviendra au mois de janvier prochain.

Cette jeune femme me paraît très résignée ; sa mère, qui a encore des enfants à sa charge, l'aide un peu.

J'ai laissé 5 francs pour permettre d'attendre l'indemnité militaire, cette femme nourrissant son dernier-né et n'ayant rien à manger.

La Mutualité Maternelle a accordé un secours de 5 fr. A été suivie par la section militaire.

M. . Extra statutaire, 31e de ligne.

Enfant, 1 : 4 mois.

Mari : Homme de peine.

Gain : 4 francs par jour.

Observations : Cette femme est grosse et presque dans l'impossibilité de travailler ; elle ne touche pas l'indemnité militaire et manque souvent de la nourriture nécessaire. Elle paie 155 francs de loyer, doit un terme ; elle est depuis deux ans dans la maison. C'est la seconde année de service du mari.

J'ai laissé 5 francs et un carnet de bons de lait.

La Mutualité Maternelle a accordé un secours de 5 fr. Recommandée à la Section militaire.

M. . Extra statutaire, Besançon.

Observations : Paie 180 francs de loyer, une seule chambre au rez-de-chaussée. Ne pourra certainement pas payer son terme, n'ayant aucune avance. En ce moment elle est nourrie par ses parents. Le père travaille chez un petit quincaillier, au 113 de la même rue.

Les parents habitent 79, rue de Patay, sont très considérés. Tout le monde était absent. J'ai appris par la concierge que ces gens venaient de perdre un fils de 23 ans, tuberculeux, et qui a été malade pendant 18 mois dans sa famille.

Ils ont épuisé toutes leurs pauvres ressources pour le soigner.

Vu l'état de misère, la Mutualité Maternelle a accordé un secours de 20 francs.

M. . Extra statutaire, 101e de ligne.

Enfants, 3 : 7, 4 ans, 3 mois.

Mari : Débardeur.

Gain : 5 francs par jour.

Observations : 5 fr. 50 de loyer par semaine, à l'hôtel ;

doit 10 francs à son logeur. Les 3 enfants sont malades de la rougeole et de la coqueluche. L'aîné des enfants est scrofuleux ; il est rempli d'abcès froids.

Cette femme ne peut plus travailler étant obligée de garder ses enfants.

L'aîné va être mis à l'hôpital et la mère va demander son départ pour Berck ou Hendaye.

M. . Extra statutaire, 118e de ligne.

Enfants, 2 : 4, 2 ans ½.

Mari : Employé au Gaz.

Gain : 5 fr. 58 par jour.

Observations : 170 francs de loyer ; une seule chambre au premier étage, sur la cour, pauvrement meublée, mais bien tenue. L'accouchement a été normal à la clinique Tarnier. L'enfant est assez beau, mais la mère est menacée de phlébite.

Le père est tuberculeux et ne peut plus travailler, il va prochainement partir pour faire une période militaire dans le Finistère.

Je lui ai conseillé, puisqu'il a sa famille dans l'endroit où il doit se rendre, de passer un mois au grand air, et l'ai assurée que je ferai tout le nécessaire, afin qu'on l'aide pour cela.

Misère très intéressante, ménage paraissant très uni.

M. 31.108. Extra statutaire, 24e de ligne.

Enfants, 2 : 3 ans, 15 mois.

Mari : Veilleur.

Gain : 6 francs par jour.

Observations : 120 francs de loyer, une chambre et un petit cabinet au rez-de-chaussée. Touche l'indemnité militaire. Cette femme a été aidée par Mme Fabry, de la Croix-Rouge, qui lui a envoyé 30 francs, plus du linge et des vêtements pour elle et son enfant.

Trois jours avant son accouchement, elle a perdu son petit garçon de 15 mois.

Cette femme a eu une très mauvaise grossesse, elle a dû garder le lit pendant les deux derniers mois.

La Mutualité Maternelle a dû aider cette femme pendant tout ce temps, car malgré toute son économie, il lui était impossible de vivre avec son indemnité militaire.

M. . Extra statutaire, 103e de ligne.
Enfants, 2 : 2 ans, 2 mois.
Mari : Fumiste
Gain : 5 francs par jour.

Observations : 170 francs de loyer, une seule chambre. En ce moment sans travail. Doit encore la moitié du terme échu. Est dans la maison depuis 2 ans ½. La sœur de l'accouchée habite la maison ; elle n'est pas riche, mais elle l'aide un peu en lui gardant ses enfants. Ces petits sont beaux et bien portants, mais la charge est trop lourde pour cette petite femme. Elle est restée assez souffrante de sa seconde couche et est actuellement sans travail.

M. 33.100. Extra statutaire, 128e de ligne.
Enfants, 2 : 2 ½, 1 an.

Observations : Loyer, 290 francs, deux pièces au troisième étage, sur la cour. Le plus jeune des enfants est toujours malade. Cette femme est de nouveau enceinte.

Elle est très fatiguée et a grand besoin d'aide.

Recommandée à la Mutualité Militaire.

M. 32.230. Extra statutaire, Lariboisière, 28e de ligne.
Enfant, 1 : 2 ans.
Mari : Electricien.
Gain : 6 francs par jour.

Observations : Accouchement très douloureux et difficile, fait à Lariboisière. L'accouchée a été malade avant ses couches et malade encore après pendant un mois. Elle a dû, au bout de ce temps, reprendre son travail et mettre son enfant en nourrice.

Ce bébé n'était pas très bien portant et la petite de 2 ans vient d'être malade, ce qui a été une nouvelle charge pour la mère.

Cette femme touche l'indemnité militaire de 0 fr. 75, et a reçu 15 francs de l'Assistance. Elle habite un logement de deux pièces, chambre et cuisine, au troisième étage, peu aéré et assez clair, le tout très sommairement meublé. Loyer, 275 francs.

M. . Extra-statutaire, 76e de ligne.
Enfant, 1 : 7 mois.
Mari : Sculpteur.
Gain : 5 à 6 francs par jour.

Observations : 350 francs de loyer ; mais le loyer est

payé par le frère du mari, qui est seul à travailler. Cet homme a sa femme continuellement malade.

La femme du jeune soldat est tuberculeuse et nourrit à grand'peine son enfant.

On pourrait l'aider de bons de lait et la recommander à l'Abri.

M. . Extra statutaire, 76e de ligne.

Enfant, 1 : 29 mois.

Mari : Tourneur mécanicen.

Gain : 6 francs par jour.

Observations : 300 francs de loyer, payé d'avance. Touche son secours militaire. Cette jeune femme vit avec la grand'mère de son mari, âgée de 67 ans, et qui ne fait pas partie du bureau de bienfaisance.

La jeune femme travaille, mais elle est très délicate. La petite fille est en ce moment chez sa tante; elle vient d'être malade et le médecin a recommandé une température égale, ce qui est impossible à obtenir, puisque la grand'mère ne peut faire du feu que le soir.

Il faut obtenir l'admission de la grand'mère au bureau de bienfaisance, et cela le plus tôt possible.

M. . Extra statutaire, 76e de ligne.

Enfants : Néant.

Mari : Imprimeur.

Gain : 5 à 6 francs par jour.

Observations : 195 francs de loyer, un terme dû. Depuis 2 ans dans la maison. Ne touche pas l'indemnité militaire. Cette femme est en ce moment chez une de ses tantes, pour se faire soigner ; elle est très délicate et sa santé réclame les plus grands soins.

Assez intéressante.

M. . Extra statutaire, 76e de ligne.

Enfant : Néant.

Mari : Cordonnier.

Gain : 5 francs par jour.

Observations : 180 francs de loyer ; deux termes sont dûs. Ne touche pas son indemnité militaire. Cette jeune femme n'a personne qui puisse lui venir en aide ; il faudrait intervenir pour le loyer. Renseignements fournis par la concierge.

M. . Extra statutaire, 76e de ligne.

Enfant, 1 : 3 ans.

Mari : Ebéniste.

Gain : 6 francs par jour.

Observations : 320 francs de loyer. En ce moment, cette jeune femme paie par à-comptes. Son enfant est mourant de la méningite. La mère de cette femme est près d'elle. Il faudrait l'aider pour son loyer.

M. . Extra statutaire, 76e de ligne.

Enfant : Néant.

Mari : Peintre.

Gain : 5 à 6 francs par jour.

Observations : 175 francs de loyer ; paie d'avance. Depuis trois ans dans la maison. Touche son secours militaire. C'est la concierge qui m'a donné des renseignements. La jeune femme travaille dehors ; elle est souvent malade, aussi malgré celà, c'est la misère. Elle a la plus grande peine à arriver pour son loyer.

M. . Extra statutaire, 76e de ligne.

Enfants, 3 : 4, 2 ½, 1 an.

Mari : Camionneur.

Gain : 5 fr. 50 par jour.

Observations : 260 francs de loyer, deux pièces au rez-de-chaussée. Cette jeune femme est actuellement sans travail ; de plus, ses deux jeunes enfants sont malades. Le jeune soldat travaille chaque fois qu'il vient en permission, mais son gain ne peut que couvrir les frais que sa présence occasionne.

Elle a besoin de vêtements pour ses enfants et surtout de chaussures.

Je lui ai laissé quelques bons de lait ; mais il faudrait lui en donner souvent.

M. . Extra statutaire, 76e de ligne.

Enfants, 3 : 3, 2 ans, 10 mois.

Mari : Sans travail.

Observations : 240 francs de loyer, doit un demi-terme. Dans la maison depuis trois ans. Touche l'indemnité militaire. Cette jeune femme est très sérieuse et courageuse, et malgré sa triste situation, elle ne se plaint jamais.

Ses enfants sont très proprement tenus ainsi que son intérieur ; la concierge qui m'a donné ces renseignements, semblait beaucoup regretter de ne pas avoir la clé afin de me montrer combien le petit logement était bien tenu.

Le jeune soldat avait été assez longtemps sans travailler avant son départ pour le régiment ; c'est sa femme qui travaillait afin d'éviter la misère.

Situation particulièrement intéressante.

M. . Extra statutaire, 76e de ligne.

Enfant : Néant.

Mari : Menuisier en siège.

Gain : 5 à 6 francs par jour.

Observations : 140 francs de loyer, paye d'avance. Touche son secours militaire. Cette jeune femme est toujours souffrante ; elle a subi trois opérations dans le ventre. Son travail est peu rémunérateur, elle finit des pantalons d'homme qui sont payés 0 fr. 25 et demandent au moins trois heures de travail.

L'intérieur est propre et bien tenu. La jeune femme est très comme il faut.

M. . Extra statutaire, 76e de ligne.

Enfants, 2 : 19 et 1 mois.

Mari : Revendeur.

Gain : 4 francs par jour.

Observations : Ne paie pas de loyer. Ses patrons la logent actuellement. Ne touche pas son secours militaire. Cette jeune femme est accouchée il y a un mois ; elle a été forcée de reprendre son travail depuis 15 jours. Ses patrons sont très bons pour elle. Elle va être obligée de mettre son enfant en nourrice.

La petite fille aînée est toujours malade.

A s'occuper.

M. . Extra statutaire, 76e de ligne.

Enfant : Néant.

Mari : Doreur sur bois.

Gain : 4 fr. 50 à 5 francs par jour.

Observations : 250 francs de loyer. Doit 82 francs au propriétaire. Depuis 4 ans dans la maison. Ne touche pas l'indemnité militaire. La belle-mère est malade, c'est ce qui les a mis en retard de leur loyer.

M. 31.370. Extra statutaire, 46e de ligne.

Enfant, 1 fille.

Mari : Metteur en couleurs.

Gain : 5 à 6 francs par jour.

Observations : Cette femme, enceinte, est en ce moment à l'Aide Maternelle; elle est sans asile. A sa sortie, il faudra la mettre chez elle. .

M. . Extra statutaire, 76e de ligne.

Enfant : Néant.

Mari : Chapelier.

Gain : 5 à 6 francs par jour.

Observations : 170 francs de loyer, payé d'avance. Ne touche pas son secours militaire. Travaille dehors. Depuis le mois de janvier dans la maison. Cette jeune femme est enceinte; la concierge dit qu'elle est très courageuse et va le dimanche laver son linge. Il faudrait l'inscrire à la Mutualité Maternelle et la soulager au moment de ses couches.

M. . Extra statutaire, 76 de ligne.

Enfant, 1 : 4 à 5 mois.

Mari : Plâtrier, peintre.

Gain : 6 francs par jour.

Observations : 100 francs de loyer. Depuis deux ans dans la maison. Ne touche pas l'indemnité militaire. Cette jeune femme est aidée par sa cousine qui paie le loyer. L'enfant est malade ; il ne faut pas qu'il sorte de l'hiver. Cette femme travaille dans la couture; elle a beaucoup de peine à arriver, mais est bien aidée par sa cousine.

Très intéressante.

M. . Extra statutaire, 76e de ligne.

Enfant : Néant.

Mari : Tourneur, mécanicien.

Gain : 7 francs par jour.

Observations : Le secours militaire est accordé. Loyer, 220 francs; une seule chambre au cinquième.

Cette jeune femme me paraît très sérieuse.

Elle ira manger à la Cantine Maternelle, quai de l'Hôtel-de-Ville, ne pouvant pas manger seule.

Je l'ai envoyée à la section de Charonne.

L'enfant est bien nourrie, mais c'est au détriment de la santé de la mère, qui est bien faible et a besoin de grands soins.

La petite fille est tellement méchante que la mère ne peut rien faire dans la journée. Elle est forcée de travailler le soir jusqu'à minuit pour gagner 75 centimes.

Elle ne touche pas l'indemnité militaire.

M. . Extra statutaire, 76e de ligne.
Enfant, 1 : 1 an.
Mari : Ebéniste.
Gain : Néant

Observations : 130 francs de loyer. Ne touche pas l'indemnité militaire. Depuis un an dans la maison. Cette jeune femme travaille chez elle ; mais elle était sortie ; il faudrait la visiter le plus tôt possible, car sa situation est des plus misérables.

M. , Extra statutaire, 76e de ligne.
Enfant, 1 : 2 ans.
Mari : Emballeur.
Gain : 5 à 6 francs par jour.

160 francs de loyer. Doit deux termes. Ne touche pas son secours militaire. Cette jeune femme a été très aidée par une voisine et ses concierges ; elle est très intéressante mais aussi un peu molle, elle ne sait que pleurer depuis le départ de son mari.

C'était un ménage très uni et contents tous les deux d'être sortis du milieu de chiffonniers où ils avaient été élevés.

En ce moment, elle travaille, mais il faut qu'elle fasse garder son enfant et comme elle ne touche pas l'indemnité militaire, elle ne peut pas arriver.

Situation très intéressante.

M . Extra statutaire, 76e de ligne.
Enfant, 1 : 8 mois.
Mari : Cocher d'omnibus.
Gain : 150 francs par mois.

Observations : 190 francs de loyer. Paie d'avance. Depuis deux mois dans la maison ; est obligée de déménager, le propriétaire ayant besoin de son logement. Ne touche pas l'indemnité militaire.

L'enfant est mis en garde et on oblige la mère à donner deux litres de lait pour lui.

Cette jeune femme est très intéressante ; elle est fort gênée, ne travaillant pas régulièrement.

A s'occuper sérieusement.

M. . Extra statutaire, 76e de ligne.

Enfant, 1 : 4 ans.

Mari : Tourneur.

Gain : 5 à 6 francs par jour.

Observations : 180 francs de loyer ; payé d'avance. Depuis deux ans dans la maison. Touche son secours militaire. La jeune femme est malade, elle a une salpyngite. Je lui ai conseillé de venir au dispensaire de la Mutualité pour se faire examiner. Cette jeune femme fait des corsages de lingerie qui sont payés 4 francs la douzaine. L'intérieur est très propre ; l'enfant va à l'école. Très intéressante.

M. . Extra statutaire, 76e de ligne.

Enfant, 1 : 2 ans.

Mari : Plumassier.

Gain : 4 fr. 50 par jour.

Observations : 180 francs de loyer. Cette jeune femme a eu congé par huissier. Elle a une bronchite chronique et a été malade pendant sept mois. Touche son indemnité militaire. Elle vit avec sa mère qui a 63 ans et qui est marchande de quatre-saisons et l'aide un peu.

Situation intéressante.

En plus de sa bronchite, cette jeune femme a eu des douleurs rhumatismales qui lui ont déformé les pieds.

L'enfant a besoin de bon lait.

M. . Extra statutaire, 76e de ligne.

Enfants, 3 : 3 ½, 2 ans et 5 mois.

Mari : Chaudronnier.

Gain : 5 francs par jour.

Observations : 280 francs de loyer. Doit un terme et demi. Depuis deux ans dans la maison. Touche son secours militaire. L'enfant est nourri au sein et au biberon. Cette jeune femme conduit son enfant au dispensaire municipal ; il lui est donné du lait pour ses enfants. La plus grosse charge est son loyer pour lequel il faudrait l'aider, les propriétaires étant assez stricts.

Les enfants sont beaux et bien portants. L'intérieur bien tenu et même assez coquet.

Intervenir pour le loyer.

M. . Extra statutaire, 76e de ligne.

Enfant, 1 : 5 mois.

Mari : Chauffeur-valet de pieds.

Gain : 110 francs par mois.

Observations : Cette jeune femme vit avec sa belle-mère dont elle partage le loyer. Sa situation est très intéressante, la mère étant toujours malade. Elle est en ce moment sans ouvrage. Elle ne pourra pas nourrir longtemps étant complètement épuisée ; le bébé prend déjà presque un litre de lait. Elle doit aller à la consultation de Charonne afin de connaître le parti le plus sage pour terminer l'allaitement de son enfant.

Elle me paraît digne d'intérêt.

M. . Extra statutaire, 76e de ligne.

Enfant : Néant.

Mari : Serrurier.

Gain : 6 francs par jour.

Observations : 270 francs de loyer ; doit 1 terme ½. Depuis 10 ans dans la maison. La concierge ne sait pas si elle touche l'indemnité militaire. Le père est toujours malade, il vendait des vieilles chaussures dans les marchés, mais il y a six mois qu'il ne travaille pas.

La mère lave du linge pour quelques clientes, mais comme le gain de la fille est très minime, elles ont beaucoup de peine à arriver.

Pas d'enfant ; malgré cela c'est la misère.

M. . Extra statutaire, 76e de ligne.

Enfant, 1 : 17 mois.

Mari : Sculpteur.

Gain : 7 francs par jour.

Observations : 220 francs de loyer ; doit un terme ; va déménager et est fort embarrassée. Touche son indemnité militaire. Prière de donner du lait à cette femme, son bébé en prenant 2 litres par jour et étant très délicat. Cette jeune femme me fait l'effet d'être très sérieuse ; elle est actuellement très ennuyée, mais si on lui vient en aide pour entrer dans son nouveau domicile, elle se tirera d'affaire.

Le jeune soldat travaille le soir à la sculpture et apporte ainsi un petit appoint dans le ménage.

Jeunes gens très sérieux et qui auraient des économies si la femme n'avait pas été malade depuis la naissance de sa petite fille.

M. . Extra statutaire, 76e de ligne.

Enfant 1 : 2 ans.

Mari : Polisseur sur métaux.

Gain : 5 à 6 francs par jour.

Observations : 200 francs de loyer; payé d'avance. Touche son secours militaire. La jeune femme est très sérieuse, les renseignements sont excellents. Elle a subi une opération du ventre il y a 8 mois, sans cela elle aurait une place à la Ville, dans les écoles, comme femme de service.

L'enfant est gardé par la grand'mère paternelle, la mère le reprend tous les soirs ; elle paie un peu pour lui toutes les semaines.

Pas de grosse misère, mais beaucoup de peine à arriver; les deux jeunes gens n'ont pu faire aucune économie, ils sont toujours malades l'un ou l'autre.

Elle travaille souvent le soir jusqu'à une heure du matin, pour finir son ouvrage.

M. . Extra statutaire, 76e de ligne.

Enfant, 1 : 4 ans.

Mari : Forgeron.

Gain : 7 à 10 francs par jour.

Observations : 204 francs de loyer.. Doit encore 24 fr. sur son terme de janvier. Touche son indemnité militaire. L'enfant est en nourrice dans la famille de la jeune femme ; elle paie 30 francs par mois. Cette jeune femme a mis son enfant en nourrice pour pouvoir faire des ménages, son métier de lingère ne marchant pas régulièrement.

Il faudrait si possible l'aider pour son loyer.

M. . Extra statutaire, 76e de ligne.

Enfant, 1 : 2 mois.

Mari : Déménageur.

Gain : 6 francs par jour.

Observations : 200 francs de loyer. En ce moment elle doit un demi terme ; dans la maison depuis 2 ans. Cette jeune femme étant accouchée tout récemment, elle n'a pu encore reprendre son travail. Il y a une grande gêne.

M. . Extra statutaire, 76e de ligne.

Enfant : Néant.

Mari : Mécanicien.

Gain : 5 à 6 francs par jour.

Observations : 160 francs de loyer. Doit le terme courant. Depuis 2 ans dans la maison. Cette jeune femme n'est pas employée de commerce, elle est journalière et fait des ménages.

Sa situation est intéressante parce qu'elle est obligée de soutenir sa mère qui est toujours malade. Beaucoup de peine à arriver. Renseignements fournis par la concierge.

M. . Extra statutaire, 76e de ligne.

Enfant, 1 : 5 mois.

Mari : Boucher.

Gain : 40 francs par semaine.

Observations : Logé à l'hôtel, 4 francs par semaine. Depuis 3 ans dans la maison. Touche son secours militaire. L'enfant est en nourrice chez la grand'mère où la femme paie 30 francs par mois. La jeune femme est assez délicate, ayant eu beaucoup de privations. Je ne vois pas bien ce que l'on pourrait faire pour elle, sauf secours d'argent.

M. . Extra statutaire, 76e de ligne.

Enfants, 2 : 18 mois, 2 mois.

Mari : Cimentier.

Gain : 4 francs par jour.

Observations : 130 francs de loyer ; paie d'avance. Va déménager en avril pour aller à Argenteuil vivre avec sa belle-mère. Ne paiera plus de loyer. En ce moment cette femme est malade d'une congestion pulmonaire ; elle est chez sa belle-mère qui la soigne. Je ne connais pas la situation des parents, mais cette femme est très intéressante.

Demander des renseignements complémentaires au mari. S'occuper de ce ménage.

M. . Extra statutaire, 76e de ligne.

Enfants, 2 : 2 ans, 6 mois.

Mari : Dans fabrique de papiers peints.

Gain : 5 francs par jour.

Observations : Un petit logement de 140 francs, deux petites pièces. Les parents de la jeune femme demeurent sur le même carré ; le frère est très malade, tuberculeux ;

ne travaille plus depuis un mois environ ; est inscrit au bureau de bienfaisance comme incurable ; 2 enfants, 17 ans et 11 ans, sont encore à la maison.

C'est la mère de la jeune femme qui garde les enfants pendant que celle-ci va travailler.

On pourrait l'aider pour son loyer et par des bons de lait.

M. . Extra statutaire, 76e de ligne.

Enfant, 1 : 18 à 20 mois.

Mari : Employé de commerce.

Gain : 120 francs par mois.

Observations : 110 francs de loyer ; paie d'avance. Depuis 3 ans dans la maison. Touche l'indemnité militaire. L'enfant est en nourrice ; la mère paie 25 à 30 francs par mois pour lui. Cette jeune femme est très délicate ; elle a beaucoup de peine à arriver.

Très intéressante. A voir.

M. . Extra statutaire, 76e de ligne.

Enfant, 1 : 2 ans.

Mari : Comptable.

Gain : 150 francs par mois.

Observations : 140 francs de loyer. N'a pas pu payer son terme d'avance. Ne touche pas son secours militaire. Cette jeune femme a été malade l'année dernière, elle est restée très souffrante, c'est la seconde année militaire du jeune soldat. Très intéressante.

M. . Extra statutaire, 89e de ligne.

Enfants, 2 : 2 ans ½, 5 mois.

Mari : Plombier.

Gain : 5 francs par jour.

Observations : 180 francs de loyer ; paie d'avance. Dans la maison depuis six mois. Ne touche pas son secours militaire. Le jeune homme ayant été ajourné, ils ont fait leur demande trop tard. Cette femme fait un ménage et rentre chez elle le soir, vers six heures, avec ses deux bébés.

C'est une personne très courageuse qui se tient très bien.

En attendant le secours militaire, il faudrait la recommander au Bureau de bienfaisance.

Laissé des bons de lait.

M. . Extra statutaire, 76ᵉ de ligne.
Enfant : Néant.
Mari : Voilier.
Gain : 5 à 6 francs par jour.

Observations : 145 francs de loyer ; paie d'avance. Depuis trois ans dans la maison. Ne touche pas son secours militaire. Cette jeune femme est en ce moment sans travail ; elle est très sérieuse et économe, mais actuellement très gênée. C'est la deuxième année militaire du soldat.

M. . Extra statutaire, 46ᵉ de ligne.
Enfant, 1 : 9 mois.
Mari : Orfèvre.

Observations : Vit avec ses beaux parents. Touche l'indemnité militaire qu'elle leur donne afin d'élever sa petite fille. Je crois que cette jeune femme est le seul soutien des parents de son mari. Le père est âgé et malade, la mère a très mal aux yeux et vient de subir une opération qui lui rend tout travail impossible.

Intérieur très modeste et rangé, sinon propre. Beaucoup de peine à arriver.

M. . Extra statutaire, 46ᵉ de ligne.
Enfant, 1 : 3 ans.
Mari : Au Régiment.
Gain : Néant.

La mère est décédée en laissant un petit garçon de trois ans que sa grand'mère élève.

Le père du soldat a une petite santé ; un autre de ses frères est également sous les drapeaux ; le plus jeune est presque aveugle. Un frère du père est infirme et à leur charge. Malgré tous ces malheurs, ces gens ne touchent pas l'indemnité militaire. C'est une famille très digne, se tenant très bien et qui a beaucoup de mérite.

M. . Extra statutaire, 46ᵉ de ligne.
Enfant, 1 : 6 mois.
Mari : Cordonnier.
Gain : 5 francs par jour.

Observations : 340 francs de loyer. Vit avec ses beaux-parents ; les frais sont en commun. Le père du soldat est un ivrogne, qui ne rapporte pas un sou à la maison.

Les deux femmes sont dans une grande gêne parce que le loyer leur incombe, le père ne pouvant le payer, son argent passant au cabaret.

L'indemnité militaire est accordée ; ces malheureuses voudraient se séparer du père qui les bouleversent à chaque instant, elles et l'enfant.

La belle-mère fait des carcasses de chapeau et gagne fort peu. Il faudrait les aider pour prendre un loyer plus petit.

M. 31.897. Extra statutaire, 46e de ligne.

Enfant, 1 : 3 ans.

Mari : Ebéniste

Observations : 130 francs de loyer. Doit deux termes. Touche son indemnité militaire. Cette jeune femme est dans une grande misère. Son gain est irrégulier et elle n'est pas très débrouillarde. Son enfant est toujours malade et lui coûte très cher ; il est en nourrice aux environs de Paris.

Il faudrait intervenir le plus tôt possible pour le loyer et donner des vêtements pour l'enfant.

M. . Extra statutaire, 46e de ligne.

Enfants, 3 : 3 ½, 2 ans et le nouveau-né.

Mari : Sculpteur sur bois.

Gain : 6 à 7 francs par jour.

Observations : 150 francs de loyer. Doit au propriétaire deux termes. Dans la maison depuis cinq ans. Touche son indemnité militaire. Le dernier des enfants est en nourrice ; les deux aînés sont gardés par la grand'mère maternelle.

M. . Extra statutaire, 46e de ligne.

Enfant, 1 : 1 an.

Mari : Trempeur dans la fleur.

Gain : 3 francs par jour.

Observations : 230 francs de loyer. Ne touche pas l'indemnité militaire. En ce moment sans travail. Cette jeune femme est très malade (tuberculeuse) à cause de privations. Son enfant est gardé par la grand'mère maternelle, mais sa mère paie pour lui.

Cette situation est particulièrement intéressante en raison de la santé de cette femme.

M. . Extra statutaire, 46e de ligne.

Enfants, 2 : 3 ans, 9 mois.

Mari : Gainier.

Gain : 5 fr. 50 par jour.

Observations : 155 francs de loyer. Depuis deux ans dans la maison. Doit un terme. Le plus jeune des enfants est en ce moment bien malade, presque désespéré. J'ai conseillé de le mettre à l'hôpital ; sa mère devait l'y conduire.

Cette jeune femme est dans une grande misère, ne pouvant pas travailler à cause de la maladie de son enfant.

Très sérieuse et intéressante. L'aîné des enfants va à l'école, mais n'a pas la cantine gratuite.

Le secours militaire est accordé.

M. . Extra statutaire, 46e de ligne.

Enfants, 2 : 2 ans, 1 mois.

Mari : Cocher.

Gain : 7 à 8 francs par jour.

Observations : 160 francs de loyer. En retard d'un terme. Touche le secours militaire. La plus jeune des filles est en nourrice. L'aînée est gardée par ses beaux parents ; en ce moment elle est malade et les frais sont grands pour la soigner.

Le beau-père est également malade et incapable de pouvoir travailler.

La jeune femme va être mise au repos après le jour de l'an, l'ouvrage baissant à cette époque de l'année.

Il faudrait l'aider pour son loyer et lui donner des bons de lait.

J'ai laissé un carnet de dix litres.

M. . Extra statutaire, 31e de ligne.

Enfant, 1 : 2 ans ½.

Mari : Employé à *La Samaritaine*.

Gain : 150 francs par mois et nourri à midi.

Observations : 290 francs de loyer ; doit un terme. Touche son secours militaire. L'intérieur est bien tenu. La jeune femme est très intelligente et courageuse, elle se désole à cause de sa dette de loyer. Elle est un peu aidée par sa tante qui lui garde son enfant pendant qu'elle travaille.

L'intérieur est propre. L'enfant bien tenu.

M. . Extra statutaire, 31e de ligne.

Enfant, 1 : 2 mois.

Mari : Homme de peine.

Gain : 5 francs par jour.

Obcsrvations : 240 francs de loyer, 2 pièces ; doit un terme et le terme d'avance. Le bébé est élevé chez sa grand'mère maternelle. Ne touche pas son indemnité militaire. Le jeune homme a été un certain temps sans travailler, avant son départ pour le régiment.

La jeune femme est actuellement avec son bébé chez sa mère, au Raincy, mais sa famille n'est pas riche et sa présence est une grosse charge.

M. . Extra statutaire, 31e de ligne.

Enfant : Néant.

Mari : Menuisier, pompes funèbres.

Gain : 5 à 6 francs par jour.

Observations : 200 francs de loyer ; paie d'avance. Ne touche pas le secours militaire ; vit avec sa belle-mère qui a 6 enfants, dont le militaire est l'aîné, 19, 17, 15 ans, et deux encore à l'école.

La belle-mère lave du linge pour le monde.

L'intérieur est assez propre ; beaucoup de peine à arriver.

M. . Extra statutaire, 31e de ligne.

Enfant, 1 : 21 mois.

Mari : Menuisier.

Gain : 5 à 6 francs par jour.

Observations 230 francs de loyer. Ne doit rien au propriétaire. Ne touche pas l'indemnité militaire. Vit avec sa belle-mère qui n'est pas très équilibrée. L'intérieur est très modeste et mal tenu, la belle-mère étant incapable de le tenir.

Il faudrait faire des démarches au bureau de bienfaisance pour faire donner à la jeune mère soit le secours militaire, soit une allocation mensuelle.

La petite femme n'a pas de santé. Ces deux femmes sont très intéressantes et il faudrait les aider le plus possible.

On achète pour le bébé 2 litres de lait par jour.

M. . Extra statutaire, 31e de ligne.
Enfants, 2 : 2 ans ½, 8 mois.
Mari : Polisseur.
Gain : 6 francs par jour.

Observations : 150 francs de loyer. Doit le terme courant et un peu sur l'autre, le mari ayant été très longtemps sans travailler avant son départ pour le régiment.

Les deux grand'mères gardent la petite fille aînée à tour de rôle. La plus jeune est gardée par la tante, moyennant 1 franc par jour.

Cette jeune femme est très intéressante et mérite d'être aidée.

Le dimanche elle va laver son linge et comme elle travaille beaucoup et est très peu nourrie, elle est actuellement dans un très mauvais état de santé.

M. . Extra statutaire, 31e de ligne.
Enfant, 1 : 14 mois.
Mari : Comptable.
Gain : 130 francs par mois.

Observations : 120 francs de loyer. Paie comme elle peut. Touche le secours militaire. La petite est gardée par la grand'mère, à laquelle on paie un mois de nourrice.

La jeune femme est très convenable et courageuse et se dévoue beaucoup pour son enfant qui est très bien portante.

L'intérieur est bien tenu et assez coquet.

En somme, assez de mal à arriver, mais beaucoup d'ordre et d'économie.

M. . Extra statutaire, 31e de ligne.
Enfant, 1 : 19 mois.
Mari : Ferblantier.

Observations : 240 francs de loyer. Paie d'avance. Dans la maison depuis un an. Cette femme donne 2 francs par jour pour garder sa petite-fille que l'on nourrit au sein. Touche l'indemnité militaire. L'enfant est très délicate. Le docteur a conseillé qu'elle soit nourrie au sein le plus longtemps possible ; malgré cela, il est impossible à cette femme de continuer à payer 2 francs par jour.

Elle va se diminuer de loyer, le sien étant beaucoup trop lourd.

Très intéressante et sérieuse.

M. . Extra statutaire, 31e de ligne.
Enfant, 1 : 2 ans ½.
Mari : Soldat.
Gain : On l'ignore.

Observations : A l'hôtel depuis le 7 septembre 1906. Cette jeune femme est très sérieuse et courageuse, ne se plaint jamais, mais arrive assez difficilement à cause des mois de nourrice. Ne touche pas le secours militaire.

M. . Extra statutaire, 31e de ligne.
Enfant, 1 : 2 ans ½.
Mari : Baleinier.
Gain : 5 à 5 fr. 50 par jour.

Observations : Ne paye pas de loyer. La jeune femme vit avec ses parents, d'honnêtes ouvriers, mais pas riches et qui font toutes sortes de sacrifices. La jeune femme touche son secours militaire. Elle est très délicate et sa santé réclame beaucoup de soins.

Elle vit avec sa mère, qui lui garde son enfant. L'intérieur est bien tenu. L'enfant est propre et bien portant.

M. . Extra statutaire, 31e de ligne.
Enfant : Néant.
Mari : Marbrier.
Gain : 6 francs par jour.

Observations : 120 francs de loyer. Paie d'avance. Ménage sérieux, qui fait les plus grands efforts pour payer. La jeune femme est souvent malade, elle est tuberculeuse et travaille, par ce fait, assez irrégulièrement.

Elle est très intéressante et a besoin d'être aidée à cause de son mauvais état de santé.

Elle n'a personne pour l'aider dans sa famille, et se désole à cause de son loyer.

M. . Extra statutaire, Ecole Militaire.
Enfant, 1 : Nouveau-né.
Mari : Soldat.

Observations : Cette femme gagne 1 fr. 50 par jour. L'enfant est nourri au biberon par la grand'mère.

Nous bornons-là cet exposé de si navrantes misères.

Nous pourrions en publier un plus grand nombre ; il est le résumé de nos enquêtes pendant les premiers six mois de l'année ; il faut songer combien de misères la Mutualité Maternelle coudoie depuis sa fondation, datant de dix-huit années.

N'est-il pas nécessaire, indispensable, de doter des institutions comme les nôtres, de tous les moyens, pour enrayer non seulement la mortalité infantile effroyable, sévissant dans ces milieux, faute de nourriture donnée à l'enfant, mais aussi pour atténuer les lourdes charges qu'imposent la maternité chez l'ouvrière.

Nous publierons, prochainement, un rapport sur la situation de la mère ouvrière dans nos campagnes.

Partout le même abandon !!!

CONSULTATIONS de NOURRISSONS

Toute mère : ouvrière, employée, ménagère, peut se faire inscrire comme sociétaire participante, dans toutes les Sections désignées ci-dessous, aux jour et heure de la consultation.

Sections de Paris

BELLEVILLE. — 3, avenue Taillade.
Le Mardi matin, de 10 heures à 11 heures.

CHARONNE. — 185, rue de Charonne.
Le Mercredi, de 1 h. 3/4 à 3 heures.

CHAUSSÉE-DU-MAINE. — 14, rue Vigée-Lebrun.
Le Mardi, de 2 heures à 4 heures.

CLIGNANCOURT. — 97, rue du Mont-Cenis.
Le Mercredi, de 2 heures à 3 heures.
Le Vendredi matin, de 9 h. ½ à 10 h. ½.

GRENELLE. — 2, Cité Canrobert (30, rue Cambronne).
Le Mardi matin, de 9 h. ½ à 10 h. ½.

HOTEL-DE-VILLE. — 21, rue Charles-V.
Le Jeudi matin, de 9 h. ½ à 10 h. ½.

ITALIE. — 25, rue Gandon.
Le Samedi matin à 10 heures.

LA CHAPELLE, LA GOUTTE-D'OR ET FAUBOURG SAINT-DENIS réunies. — 1, rue de la Louisiane.
Le Jeudi matin, de 9 heures à 11 heures.

LA VILLETTE. — 9, rue Edouard-Pailleron.
Le Samedi matin à 9 h. ½.

LA GARE. — 129, rue de Tolbiac.
Le Mercredi, de 4 à 5 heures.

LES BERNARDINS. — 15, rue des Bernardins.
1er et 3e Vendredis, de 2 h. ½ à 3 h. ½.

LES EPINETTES. — 27, rue Gauthey.
Le Vendredi matin, de 9 heures à 10 heures.

LOUVRE. — 15, rue Jean-Lantier.
Le Vendredi matin, de 10 heures à 11 heures.

MENILMONTANT. — 23, rue de la Duée.
Mardi et Samedi matin, de 9 heures à 10 heures.

MONGE. — 60, rue Monge.
Le Vendredi matin, de 10 h. ½ à 11 h. ½.

OBSERVATOIRE. — 11, rue Boulard.
Le Jeudi matin à 9 h. ½.

PASSY. — 3, rue Claude-Chahu.
Le Mercredi matin à 9 heures.

PLAISANCE. — 63, rue Vercingétorix.
Le Lundi à 1 h. ½. — Mercredi à 1 h. ½ pour les mères.

POINT-DU-JOUR. — 214, avenue de Versailles.
Le Lundi et le Vendredi à 1 h. ½. — Consultation pour les mères le Mardi à 1 h. ½.

XIVe ARRONDISSEMENT. — 88, rue du Moulin-Vert.
2e et 4e Mardis à 2 heures.

REUILLY. — 3, rue du Congo.
Le Samedi matin, de 10 heures à 11 heures.

TEMPLE. — 10, rue Debelleyme.
Le Mercredi matin à 9 h. ½.

TROCADERO. — 30, avenue de Malakoff.
Le Mercredi matin, de 10 heures à 11 heures.

JAVEL. — *En formation.*

Sections de banlieue

ALFORTVILLE. — 55, rue de Villeneuve.
Les Lundi et Jeudi, de 3 heures à 5 heures.

ASNIERES. — A la Mairie, 17, avenue d'Argenteuil.
Le Dimanche matin.

BAGNOLET. — 18, avenue du Centenaire.
Le Mardi, de 2 h. ½ à 3 h. ½.

BELLEVUE-MEUDON. — A la Mairie, 11, rue Nouvelle.
Le 1er Lundi du mois, de 1 heure à 2 heures.
Et le 3e Dimanche du mois, de 10 heures à 11 heures.

BONDY. — A la Mairie, salle du Dispensaire.
Les 1er et 3e Jeudis, de 3 à 5 heures.

BOURG-LA-REINE. — 33, Grande-Rue.
Le Mardi, de 2 heures à 3 heures.

CHAMPIGNY. — 8, rue de Bonneau.
1er et 3e Jeudis, de 3 heures à 5 heures.

CHARENTON. — A la Mairie, 3, rue des Quatre-Vents.
2e et 4e Vendredis, à trois heures.

* CHAVILLE. — 3, avenue Louvois.
Les 2e et 4e Jeudis, de 2 heures à 3 heures, chez M. le Docteur Privas.

CHOISY-LE-ROI. — 17, rue de Seine.
Le Samedi, de 2 heures à 3 heures.

CLAMART. — A la Mairie, 20, rue de Trosy.
Le Mercredi, de 2 heures à 3 heures.

CLICHY. — A l'annexe de la Mairie, rue Dagobert.
Le Jeudi matin, de 9 heures à 10 heures.

COURBEVOIE. — 11 *ter*, rue du Chemin-de-Fer.
Tous les Jeudis, à 3 heures.

CRETEIL. — 16, Grande-Rue.
2e et 4e Mercredis à 4 heures.

GENTILLY. — 14, rue de la Glacière.
1er Jeudi, de 1 heure à 3 heures ; 3e jeudi, de 3 heures à 4 heures.

ISSY-LES-MOULINEAUX. — 5, rue du Château.
Le Jeudi matin.

IVRY. — A la Mairie d'Ivry.
Le Dimanche, de 8 h. ½ à 9 h. ½ du matin.

KREMLIN-BICETRE. — 5, rue Etienne-Dolet.
Le 1er Mardi, de 10 heures à 11 heures ; et le 3e Jeudi, de 3 heures à 4 heures.

* CHATENAY. — A la Mairie.
Le 2e Jeudi du mois, de 10 heures à midi.

LA COURNEUVE. — *En formation.*

LA PLAINE-SAINT-DENIS. — 143, avenue de Paris.
Le Mardi, de 2 heures à 4 heures.

LE BOURGET. — A la Mairie.
Le Jeudi à 3 heures.

LE PERREUX. — 5, rue Denfert-Rochereau.
Le Jeudi, de 4 heures à 6 heures.

LES LILAS. — A la Mairie.
Le Jeudi, de 10 heures à 11 heures.

LEVALLOIS-PERRET. — 45 *bis*, rue Gide.
Le Mercredi, de 2 heures à 3 heures.

MAISONS-ALFORT. — A la Mairie (Salle des Fêtes).
Les 1er et 3e Mercredis à 9 h. ½ du matin.

NANTERRE. — 24, avenue Gambetta.
1er et 3e Mardis, de 2 h. ½ à 3 h. ½.

NEUILLY-SUR-SEINE. — 11, rue des Poissonniers.
Le Vendredi, de 2 heures à 4 heures.

NOGENT-SUR-MARNE. — 99, rue Théodore-Honoré.
Pas de consultation de nourrissons.

NOISY-LE-SEC. — A la Mairie.
2e et 4e Jeudi, de 4 heures à 5 heures.

PAVILLONS-SOUS-BOIS. — Mairie des Pavillons-s/-Bois.
Les Jeudi et Dimanche matin, de 9 heures à 10 heures.

PUTEAUX. — 42, boulevard Richard-Wallace.
Tous les Vendredis, de 2 heures à 3 heures.

RUEIL. — 15, rue de Suresnes.
Le Dimanche, de 9 heures à 11 heures.

* SAINT-DENIS-NORD. — 1, Petite rue Saint-Marcel.
Les 2e et 4e Vendredis, de 2 heures à 3 h. ½.
Inscriptions tous les Vendredis, de 2 à 3 heures.

SAINT-MAUR. — 23 *bis*, rue de la République.
Lundis et Jeudis, de 4 h. ½ à 5 h. ½. — Pesage des nourrissons, 1er et 3e Lundis du mois.

SEVRES. — A la Mairie.
Deux fois par mois, le Dimanche matin.

VINCENNES. — 9, rue de Strasbourg.
Les 1er et 3e Jeudis, de 10 heures à 11 heures.

* SAINT-CLOUD. — 8, passage du Chemin-de-Fer.
2e et 4e Vendredis du mois, à 4 heures.

LA COURNEUVE - AUBERVILLIERS. — *En formation.*

SCEAUX. — *En formation.*

GENEVILLIERS. — *En formation.*

DRAVEIL. — *En formation.*

Sections militaires

31e REGIMENT D'INFANTERIE. — Bastion 18, boulevard Mortier, 18, Paris.

46e REGIMENT D'INFANTERIE. — Caserne de Reuilly, rue de Reuilly, 20, Paris.

89e REGIMENT D'INFANTERIE. — Caserne de Reuilly, rue de Reuilly, 20, Paris.

76e REGIMENT D'INFANTERIE. — Caserne du Château-d'Eau, 12, place de la République, Paris.

101e REGIMENT D'INFANTERIE. — Saint-Cloud.

104e REGIMENT D'INFANTERIE. — Caserne Latour-Maubourg, 51, boulevard Latour-Maubourg.

SERVICE MÉDICAL

Chef du Service : M. LE Dr AVIRAGNET ✻, *Médecin des Hôpitaux,* 1, rue *de Courcelles.*

DISPENSAIRE

gratuitement mis à la disposition des Participantes et de leurs jeunes Enfants.

39, RUE DES *PETITS-CHAMPS* (2e ARRONDISSEMENT) ..

Consultations les *Mardis* et *Samedis,* de 11 h. ½ à 1 heure. — Le *Jeudi,* de 4 à 5 heures de l'après-midi, par M. le Docteur GUAY ✻, Médecin du Dispensaire, rue Baudin, 20, et M. le Docteur HOUSQUAINS, Médecin adjoint, rue Saint-Didier, 3.

EXTRAIT DES STATUTS

But de la Société.

Article premier. — *La Mutualité Maternelle* a pour but de donner aux Sociétaires, lorsqu'elles seront en couches, une indemnité suffisante pour qu'elles puissent s'abstenir de travailler pendant quatre semaines et pour leur permettre de se soigner et de donner à leur enfant les soins qu'il réclame pendant les premières semaines qui suivent la naissance.

Condititions d'admission et d'exclusion.

Art. 2. — La Société se compose de Membres *Honoraires* et de Membres *Participantes.*

Art. 3. — Les Membres *Honoraires* sont ceux qui, par leurs souscriptions, contribuent à la prospérité de l'Association sans participer à ses avantages.

Art. 4 — Les Membres *Participantes* sont celles qui ont droit à tous les avantages assurés par l'Association, en échange du paiement régulier de leur cotisation et en se conformant aux présents Statuts.

Art. 5. — Les Membres *Participantes* sont admises provisoirement par le Bureau. Leur admission doit être ratifiée par l'Assemblée générale, au scrutin et à la majorité des voix.

Art. 6. — Pourra devenir *Participante* toute femme, employée, ouvrière, ménagère ou domestique, de nationalité française, âgée de seize ans au moins, domiciliée à Paris ou dans le département de la Seine, qui en fera la demande et s'engagera à se conformer aux Statuts.

La même mesure pourra être, suivant les besoins, étendue aux communes limitrophes du département de la Seine.

Ces communes seront désignées par le Conseil d'Administration, quand il en jugera l'utilité.

Cotisations.

Art. 7. — Pour avoir droit à une indemnité, il faut que la *PARTICIPANTE* soit inscrite *depuis neuf mois au moins* et ait payé sa cotisation de l'année (*trois francs*).

Art. 9. — Le *non paiement de la cotisation annuelle* entraînera la radiation comme Membre Participante.

Art. 14. — Les cotisations des Membres Participantes seront reçues du 1er janvier à la fin mars de chaque année, au siège social de la Société ou par l'intermédiaire des chefs de maisons ou entrepreneurs, et seront exigibles en entier, quelle que soit la date d'inscription. A partir du 1er avril et jusqu'au 31 décembre, la cotisation de l'année en cours peut être versée avec une indemnité de vingt-cinq centimes par mois de retard.

Indemnités.

AVIS IMPORTANT. — Sous peine de perdre leur droit à l'indemnité de repos, les Participantes doivent informer de leur accouchement le Siège social (39, rue des Petits-Champs) dans un délai maximum de trois jours.

Art. 16. — Chaque accouchée recevra pendant quatre semaines, à dater du jour qui suivra son accouchement, une indemnité de 12 francs par semaine, à la condition qu'elle s'abstienne de tout travail pendant ces quatre semaines.

Cette indemnité de 12 francs sera élevée à 15 francs par semaine pour toute Participante mère de six enfants vivants au moment de la naissance de son septième enfant.

L'indemnité sera payée alors même que l'enfant viendrait à mourir à l'expiration des quatre semaines.

Art. 17. — En cas d'accouchement double, l'indemnité sera élevée de moitié. Si l'un des deux enfants vient à mourir, l'indemnité se continue pour le survivant, selon l'article 16.

Art. 18. — En cas de décès de la mère, l'indemnité sera constituée pour l'enfant comme si la mère avait vécu, à la condition que les soins de l'enfant soient assurés et dûment surveillés.

Art. 19. — L'indemnité spécifiée à l'article 16 pourra, à titre exceptionnel, être prolongée pendant deux semaines sur la demande de l'accouchée, appuyée par une attestation d'un des médecins de l'Association motivant l'impossibilité de reprendre le travail.

En aucun cas, l'indemnité ne pourra être accordée pour une période de plus de six semaines.

Art. 20. — Une prime de 10 francs sera accordée à toute Sociétaire qui allaitera elle-même son enfant durant ces quatre premières semaines.

Art. 21. — Les trois premiers paiements seront faits, au domicile de l'accouchée, par l'une des inspectrices de la Société, et le dernier paiement sera fait à l'accouchée elle-même au bureau de la Société, contre quittance du total de l'indemnité reçue.

La carte délivrée à cet effet devra être présentée à l'Agent général qui mentionnera que le travail peut être repris par la Sociétaire.

Art. 22. — Les accouchées qui, sans motifs valables et acceptés par le Conseil d'Administration, retourneraient au travail avant l'expiration des quatre semaines, seront privées de toute indemnité à partir du jour où le travail aura recommencé.

La Mutualité Maternelle de Paris peut — dans la mesure de ses ressources — accepter à titre d'extra statutaire les femmes enceintes mères de quatre enfants.

L'indemnité de chômage est, dans ce cas, de 15 francs pour les quatre semaines et 10 francs pour la prime d'allaitement, soit en tout 25 francs.

www.ingramcontent.com/pod-product-compliance
Ingram Content Group UK Ltd.
Pitfield, Milton Keynes, MK11 3LW, UK
UKHW020954230726
13923UKWH00007B/386

9 782019 676018